哈佛优等生最爱做的
全脑思维游戏

（插图金版）

芦芳 凌云 / 编著

北京日报报业集团
同心出版社

图书在版编目（CIP）数据

哈佛优等生最爱做的全脑思维游戏: 插图金版/ 芦芳，凌云编著.—北京：同心出版社，2014.12

ISBN　978-7-5477-1270-2

Ⅰ．①哈…　　Ⅱ．①芦…　②凌…　　Ⅲ．①智力游戏　Ⅳ.①G898.2

中国版本图书馆 CIP 数据核字（2014）第 159540 号

哈佛优等生最爱做的全脑思维游戏.插图金版

出版发行：同心出版社

地　　址：北京市东城区东单三条 8-16 号　东方广场东配楼四层

邮　　编：100005

电　　话：发行部：（010）65255876

　　　　　总编室：（010）65252135-8043

网　　址：www.beijingtongxin.com

印　　刷：北京市燕山印刷厂

经　　销：各地新华书店

版　　次：2015 年 1 月第 1 版

　　　　　2015 年 1 月第 1 次印刷

开　　本：710 毫米×1000 毫米　1/16

印　　张：12.25

字　　数：254 千字

定　　价：39.80 元

内容简介

好脑力是最有效的竞争力！而强劲的脑力是对思维的充分运用与灵活贯通。本书是一本让你轻松迈入优等生行列的脑力提升训练书。书中精选了各大名校为学生精心设计的全方位训练思维的游戏题目，充分锻炼你的记忆、观察、语言、逻辑推理、比较归纳、空间感知、数理概念、创造想象能力等，让你的思维更灵敏，大脑更活跃。

本书是思维游戏玩家的必备宝典，是迈向优等生行列的智慧书。本书能够让你在享受游戏乐趣的同时练就超人的思维方式，充分挖掘左右脑潜能，在做游戏的过程中不知不觉抵达智慧的殿堂。

哈佛大学的校长艾略特曾经说过："人类的希望取决于那些知识先驱者的思维，他们所思考的事情可能超过一般人几年、几代人甚至几个世纪。"拥有超常思维的人，无论走到哪里都会熠熠生辉。

通过对哈佛、剑桥等世界著名学府成功经验的分析，我们发现，成为优等生的关键不在于你拥有多少知识，而取决于你的思维方式和思考能力。知识可以通过后天努力获得，而如何将这些知识融会贯通，学以致用才是关键所在，这就需要思维的指导。而思维训练从来都不是一件简单、容易的事，它需要一个科学的、长期有效的训练过程。

思维游戏是一种能够活跃人的思维的智力活动，它能够帮助人们挖掘潜藏在大脑中的宝藏及个人潜能，开启人们的智慧。在参与思维游戏的过程中，人们所获得的刺激和兴奋，能够帮助其提升大脑的记忆能力和理解能力。因此，通过思维游戏能够使我们变得越来越聪明，越来越优秀。

思维是一个复杂的体系，为了能够全方位地锻炼读者的思维能力，本书精选了大量妙趣横生的思维游戏，主要训练读者的记忆能力、观察能力、语言文字能力、计算能力、逻辑分析能力、推理判断能力、想象力以及创新能力等，从而帮助读者全面充分地挖掘自身更大的潜力，不断超越自我。

本书中每一类训练题目都是精心挑选而来，每一个游戏都具有其独特的价值。全书内容丰富，难易搭配得当，图文并茂，读者不仅能够锻炼思维方式，挖掘大脑潜能，同时还能从中获得更加丰富的课外知识，进而在知识储备和运用方法两个方面都得到更大的提高。

FOREWORD

<< 前 言
前言

　　在使用本书的过程中，读者可采取多管齐下、循序渐进的方法，坚持每天每个章节有计划地做上几道，以使思维能够得到全面、长期不间断地训练。

　　让我们通过思维游戏让思维训练成为一种乐趣，让思考成为一种习惯，迅速迈进优等生的行列吧！

CONTENTS

目 录 >>

第三篇 巧言善辩——文字练兵场

第四篇 心中有"数"——计算挑战赛

第五篇 缜密分析——逻辑大转盘

第六篇 神机妙算——推理益智园

第七篇　天马行空——想象创意馆

第八篇 奇思妙想——创新达人秀

附录 参考答案

Chapter 01

第一篇
过目不忘——记忆阅兵式

记忆就是过去的经验在人的大脑中的反映，它包括识记、保持、再现和回忆四个基本过程。人人都想拥有过目不忘的本领，而遗忘又是记忆的大敌，因此提高记忆力的实质就是尽量避免和克服遗忘。本篇精心挑选了能够考察记忆力的游戏，同时向大家介绍了科学有效的记忆方法，希望能够帮助你战胜遗忘，培养超强的记忆力。

01 小测试

在下图中是打乱顺序的 100 个数字，请你按照顺序在里面找出 15 个连续的数字来，例如从 1~15 或从 3~17 等，并记录下你找到这 15 个连续数字所用的时间。

12	33	40	97	94	57	22	19	49
60	27	98	79	8	70	13	61	6	80
99	5	41	95	14	76	81	59	48
93	28	20	96	34	62	50	3	68
16	78	39	86	7	42	11	82	85
38	87	24	47	63	32	77	51	71
21	52	4	69	35	58	18	43	26
75	30	67	46	88	17	46	53	1
72	15	54	10	37	23	83	73	84
90	44	89	66	91	74	97	25	36
55	65	31	0	45	29	56	2

02 圆周率

你能快速说出圆周率 π 小数点以后的多少位数呢？

03 快速记忆

请在 1 分钟之内记住下图的词语，然后将他们快速说出。

猫　帽子　小狗　钟表
桌子　衣柜　眼镜
鹦鹉　鞋子　戒指

04 邻国

你能快速说出中国的陆地邻国吗？

05 各国首都

用最短的时间记住下列各国的首都，然后进行提问，看谁记住的多并且准确。

蒙古——乌兰巴托；

老挝——万象；

菲律宾——马尼拉；

芬兰——赫尔辛基；

澳大利亚——堪培拉；

瑞典——斯德哥尔摩；

新西兰——惠灵顿；

加拿大——渥太华；

埃及——开罗

06 谁的著作

请在 2 分钟的时间内记住下面的作者及其代表作。

司汤达《红与黑》、《吕西安·娄凡》、《巴马修道院》。

鲁迅《从百草园到三味书屋》、《一件小事》、《孔乙己》、《社戏》、《故乡》、《狂人日记》。

老舍《茶馆》、《四世同堂》、《骆驼祥子》、《龙须沟》。

茅盾《蚀》、《春蚕》、《子夜》、《林家铺子》、《白杨礼赞》。

07 寻找规律

在 1 分钟之内记住下面的数字，然后将它们快速说出。

3810151722242931363843

08 记省份

你能快速准确地说出中国的 34 个省市自治区（包括香港、澳门、台湾）吗？

09 秦灭六国

秦灭六国的顺序是：韩赵魏楚燕齐。请在 15 秒内记住，然后按顺序快速说出。

10 词语分类

请在 1 分钟内记住下图中的词语，然后将词语遮住，并按要求写出相应的词语。

草帽 草莓 橡皮 苹果 牛奶
糖果 皮鞋 裙子 自行车 电视
白菜 老师

请写出表示食物的词语。

11 保险箱的密码

下图是开启保险箱的两组密码，你能在 15 秒内将它们记住吗？

842757　4728256

12 辨别形近字

你能分辨下面的形近字吗？

（1）辨、辩、辫、瓣
（2）戊、戌、戍、戎
（3）悼、绰、棹、掉

13 快速记数字

请记住下面的数字，然后快速说出，看谁用的时间短。

7473605 2007365

14 巧记历史年代

快速记忆下列事件发生的时间，然后通过提问进行检验。

李时珍于 1578 年完成《本草纲目》；

周平王东迁在 770 年；

清军入关在 1644 年；

北魏灭西蜀是在 263 年。

15 十个词语

请在 1 分钟内记住下面的词语，然后快速说出（顺序可以打乱）。

小河 大炮 风筝 鸭梨 闪电
猎狗 街道 火车 柳树 玉米

16 一对一词组记忆

请用最短的时间记忆下面的词组，然后将左边的词组挡住，正确地写出与之相对应的右边的词组。

森林——电话　杂志——冰箱

碗——电视　小提琴——恐龙

兴奋——犹豫

倾国倾城——天涯共此时

黑客帝国——明眸皓齿　音乐之声——汗牛充栋

17 数字编程

下面 1~10 十个阿拉伯数字被赋予了特定的含义，请在 1 分钟内将它们记住，然后将右边覆盖住进行回忆。

1= 铅笔　　2= 鸭子　　3= 弹簧

4= 旗杆　　5= 秤钩　　6= 烟斗

7= 镰刀　　8= 麻花　　9= 球拍

10= 鸡蛋

18 成语分组

请在 2 分钟内记住下面的成语，然后将他们遮住按要求写出相应的成语。

兴高采烈　鸡飞狗跳　层峦叠嶂　垂头丧气　大气磅礴　骄傲自大　烟雾缭绕　水平如镜　英姿飒爽

请写出描写人的成语。

19 乘电梯

下面的内容是电梯停下时的出入人数记录，请阅读一遍，读时请尽可能记住所有的内容，然后回答问题。

出 2 人，入 3 人；

出 3 人，入 3 人；

出 5 人，入 8 人；

出 4 人，入 5 人；

出 7 人，入 6 人；

出 4 人，入 3 人。

问：电梯共停了多少次？

20 在哪里

认真看下图 3 分钟，注意各个物品的位置，然后将图覆盖住，回答问题。

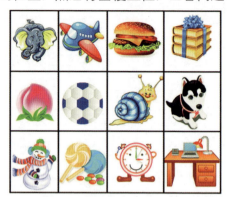

（1）蜗牛左边的物品是什么？

（2）桃子的上、下、左、右各是什么物品？

（3）飞机在足球的什么方位？

21 亚洲的河流

下面是亚洲各条河流及其注入的海洋，请在 10 分钟内将其记住，然后用手遮着答案进行检测。

（1）注入太平洋的有：黄河、长江、黑龙江、湄公河；

（2）注入印度洋的有：恒河、印度河、底格里斯河、幼发拉底河、伊洛瓦底江；

（3）注入北冰洋的有：勒拿河、叶尼塞河、鄂毕河。

22 金库密码

下面是开启金库的密码，请在 1 分钟之内记住它们，然后合上书进行复述。

右1 左3 左5 右9 左0 右7

23 猫的名字

将下面的一段内容读一遍，然后回答问题。

一个财主养了一只猫，自认为这只猫非常奇特，于是便对别人说它是"虎猫"。一天，他家里来了一帮客人，他们想讨好财主，于是便开始恭维他养的猫。

第一个客人说："虎确实很勇猛，但不如万兽之王——狮，它应该叫'狮猫'更贴切。"

第二个客人说："狮只能在地上奔跑，而龙可以在天上行走，更神奇，不如改名叫'龙猫'。"

第三个客人说："龙固然比狮神奇，但它升天需浮在云上，云不是超过龙了吗？不如就叫它'云猫'吧。"

第四个客人说："云能遮住天空，但是风却能吹散云，请改名叫'风猫'吧。"

第五个客人说："大风刮起，墙能挡住，因此它该叫'墙猫'。"

第六个客人说："墙虽然坚固，但老鼠却能将他穿透，所以叫'鼠猫'吧。"

请快速回答：第三个客人将那只猫改名叫什么？

24 名词运用

请在2分钟内记住下面的名词，然后用这些名词回答下面的问题。

自行车 空调 手机 电脑
哑铃 飞机 冰箱 汽车

（1）＿＿ 属于交通工具。
（2）＿＿ 可以用来锻炼身体。
（3）＿＿ 需要用电。
（4）＿＿ 需要使用燃料。

25 购物清单

下面是一张购物清单，请在2分钟内将所有要买的物品记住，然后复述出来。

香蕉 洗衣粉 大米 大虾
白菜 苹果 西红柿 糖 白面
奶酪 香皂 牛奶 鲤鱼

26 火车出发了

请用2分钟的时间读下面的内容，并尽可能地记住，然后回答问题。

三只猫坐着火车去旅行。

火车驶入第一站时，一只狗上车；驶入第二站时，一头大象上车，一只猫下车；驶入第三站时，一只狗下车，一只老虎上车；驶入第四站时，一头大象下车。

请问：

（1）当火车从始发站出发时，车上有哪些动物？

（2）老虎从第几站上车？

（3）狗在第几站下车？

（4）两只猫都下车了吗？

（5）火车驶入第二站时，谁上车了，谁下车了？

27 字母与图形

下面是一组字母和与之相对应的图形，请你用 3 分钟的时间将它们记住，然后做后面的测试。

A	B	C	D	E	F
☺	♥	◯	🚫	★	🌙

请凭记忆把下面与字母相对应的图形分别画出来，看谁用得时间短。

A	B	C	D	E	F

28 世界之最

请在 5 分钟之内记住下面的世界之最，然后遮住答案进行检验。

世界最长的河流是尼罗河；

世界最深的海沟是马里亚纳海沟；

世界最长的裂谷是东非大裂谷；

世界最大的高原是巴西高原；

世界最大的咸水湖是里海；

世界最小的洋是北冰洋；

世界最深的湖泊是贝加尔湖；

世界最大的洋是太平洋；

世界最热的地方是阿济济亚；

世界最大的盆地是刚果盆地；

世界最狭长的国家是智利；

世界最大的沙漠是撒哈拉大沙漠；

世界最大的暖流是墨西哥湾暖流

29 二十四节气

你能在 30 秒内将二十四节气的名称按照顺序说出来吗？

30 开国君主

请将秦、汉、唐、宋、元、明、清七个朝代的开国君主填在图中，看谁填得又快又准确。

31 英文字母

请在 2 分钟内记住下面的英文字母，然后按照顺序将其说出来，同时大小写不能出错。

B W m C b X P Q Y M a c F o s C d

32 乘车

认真阅读一遍下面的话，然后回答问题。

一辆载着 20 名乘客的公共汽车驶进第一站，这时有 5 人下车，又上来 4 人；再下一站下去 6 人，上来 8 人；再下一站，下去 3 人，没有人上车；再下一站，没有人下车，上来 2 人；再下一站，下去 4 人，没有上人。

请问，这辆车在第几站没有人下车？

33 宠物

请用 2 分钟的时间记住下面的内容，然后将其遮住，回答问题。

丽丽、皮皮、巧巧都喜欢养宠物，丽丽养了一只黄猫，皮皮养了一只黑狗，巧巧养了一只白兔。在这三只宠物中黑狗的耳朵上有白色的斑点，白兔的个头最小，黄猫的尾巴最长。

请问：
（1）巧巧养的是什么宠物？
（2）耳朵上有斑点的宠物是谁养的？
（3）哪种宠物的尾巴最长？

34 记忆词语

请在 1 分钟内记住下面的词语，然后将其遮住回答问题。

苹果　桌子　作家　书　天使
城市　电影　小狗　美国

请说出以翻译成英文是"A"开头的词语。

35 电话号码

请在 30 秒内记住下面的两个电话号码。

62828026　　62853507

然后在下面一组电话号码中，选出上面出现过的两个电话号码。

63828126　　62820862
62835307　　62828026
62853507　　62855307

36 首尾相连

在一年 12 个月份中，哪两个相连接的月份都是 31 天？

37 数字记忆测试

先看一遍下面的一组数字，然后合上书将你记住的数字写下来。

5101053658782531

Chapter 02

第二篇
明察秋毫——观察训练营

眼睛是心灵的窗户，是一切事物进入大脑的入口，正所谓"思维是核心，观察是入门"。一个具有良好观察能力的人，才是一个思维全面发展的人。你想充分挖掘自己大脑的潜力，绽放智慧之光吗？你想拥有一套属于自己的科学的观察方法吗？那就从这里开始你的观察之旅吧！

哈佛优等生最爱做的

全脑思维

游戏（插图金版）

01 特别的字母

下面的字母都有一个共同点，但是有一个与这个共同点无关，你能将它找出来吗？

02 丢失的方块

下面的 5×5 方块是按字母规律排列的，但是丢失了 3 块，你能找到规律，然后选出正确的一块吗？

03 神奇的正方体

下图中你看到的是一个空间内的盒子，还是一个缺了一块的正方体？

04 切分菱形

下面的菱形中有几个数字，你能在上面划一条直线，使菱形各个区域中数字之和相等吗？

05 巧猜字母

下面一组字母是一组常用英语单词的第二个字母，仔细观察，你能推算出下一个字母是什么吗？

06 选图形

下面图形的排列存在一定的规律，请仔细观察，然后将问号处的正确图形从选项中选出。

07 对应关系

下图中，如果 A 相对于 B 是正确的关系，那么 C 相对于哪个是正确的关系呢？

08 特别的字母

下面的字母都有共同的特点，但是有一个字母是特别的，你能将它找出来吗？

09 三角形

你能数清下图中一共有多少个三角形吗？

10 特别的图形

仔细观察下面的图形，你能看出哪个是特别的吗？理由是什么？

11 挑手绢

在下面五块花手绢中，你能找出与众不同的一块来吗？

12 神奇的图像

头部前后移动观察图片有什么变化呢？是静止的还是转动的？

13 一头大象

这不是一头孤单的大象，找找看，图片里还有哪些动物？

14 与众不同的数字

下面两个圆圈中的数字，各有一个是与众不同的，你能将它们找出来吗？

15 奇怪的图画

仔细观察这幅图画，其中有什么地方不对吗？

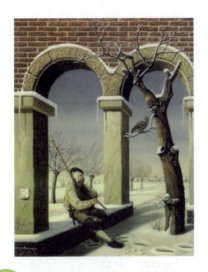

18 神奇的阶梯

仔细观察下面的阶梯，你有什么发现？

16 猫和鸟

下图是一只猫和一只鸟，仔细看看谁的面积更大一些？

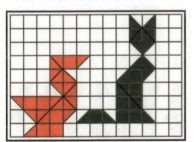

19 骑马的人

在下面这幅图片中，你看到的骑马的人，是黑色的还是白色的呢？

17 圆圈的规律

根据下面圆圈的排列规律，将问号替换成合适的圆圈。

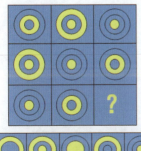

A B C D E

20 背影幻觉

仔细观察下面这幅图，厨房用品是蓝色的部分还是白色的部分？

21 小鸡吃豆

小鸡从箭头的方向进去吃豆子，那么最终它吃到的会是红豆还是绿豆？

22 摆正方形

你能用 8 根火柴摆成 3 个正方形吗？请试一试。

23 小溪里的秘密

仔细观察下面这幅小溪图，你能从里面发现些什么东西呢？

24 延续排列

下面的图形是按照一定的规律排列的，你能发现规律，并延续排列图形吗？

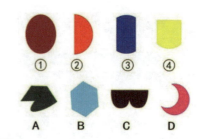

25 神秘的单词

字母方阵中隐藏着一个神秘的单词，你知道是哪个单词吗？

Y	E	Y	A	D
A	D	R	Y	E
D	Y	A	D	Y

26 平行线

在黑白色填充下，你敢相信图中的横线是平行的吗？

27 线条的奥秘

这些线条是按照某种规律组合在一起的，请仔细观察，找出正确的答案替换问号。

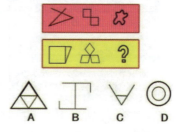

28　下一个是什么

观察下图中数字排列的规律，请问下一个是什么？

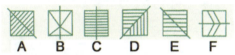

16854
85461
46158
?

29　另类的图形

观察下面 A ～ F 六个图形，找出它们的共同点，看哪个图形是一个另类？

A　B　C　D　E　F

30　丢失的图形

找出下图中各个图形之间的联系，然后选出丢失的第五个图形。

①　②　③　④

31　数字连线

请将下图中相同的数字用线连起来，同时不能使线交叉。

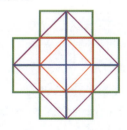

32　扭曲的圆

请仔细观察下面的图片，它是一个螺旋吗？

33　数字规律

请找出下面三角形中数字所蕴含的规律，将问号变成正确的数字。

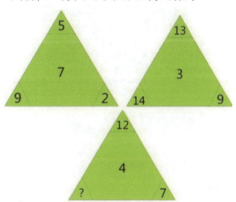

34　正方形的个数

仔细数一数，下面的图形中一共有几个正方形？

35 不一样的数字

圆中的哪个数字是不一样的？

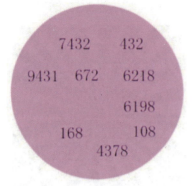

36 圆的周长

仔细比较，下图中是大圆的周长长，还是所有小圆的周长加在一起长？

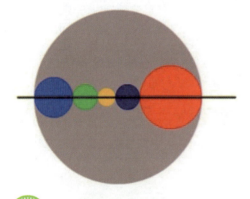

37 神奇的箭头

在一张硬纸板上画一支箭，越别致越好。然后把这幅画对准桌上的某个物体，使箭头正好指向这个物体。

现在，你可以和任何人打赌，说你可以在不接触这张硬纸板或移动桌子的情况下，使这支箭改变方向，使它转向左边。

虽然听起来不太可能，但是请你认真想一想，仔细琢磨，不妨试试看。

38 正方形

下图中的这些"正方形"看起来是完整地彼此分离的吗？

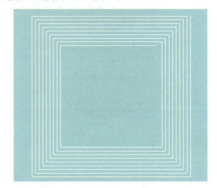

39 问号处是什么

仔细观察下面的图形，问号处的图形应该是什么呢？

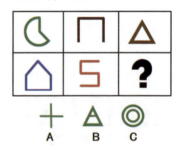

40 两条直线

你觉得 A 线和 B 线哪一条线看起来更长？

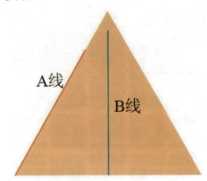

41 丢失的数字

在下图中，最后的正方形中丢失的数字是什么？

42 奇妙的栏杆

你能看出栏杆之间藏着的人形吗？

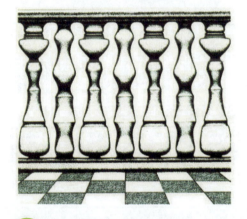

43 不相关的图形

在下面的图形中，哪个是与其他图形不相关的？

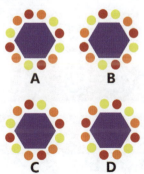

44 奇异的曲折

沿着这个曲折图形走一遍，你会发现什么？

45 疯狂的螺母

你知道直钢棒是怎样神奇地穿过这两个看似成直角的螺帽孔的吗？

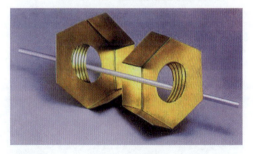

46 飞机上的秘密

找出飞机上数字的秘密，然后将第三架飞机上的问号替换为正确的数字。

47 神奇的花瓶

仔细观察下图，你看到的是花瓶还是两个人头部的侧面像？

48 数字排列

下面的数字排列是有规律的，请找出规律，然后选出正确的选项。

4	3	7	5	8	2

2	5	7	3	4

4	3	5	2

?	?	?

A：432
B：234
C：325
D：423
E：453

49 旋转图片

当你看一会儿下面这张图片之后，再把它逆时针旋转90度，你就会发现其中的奥秘，试试看。

50 凯尼泽三角

在下面这张图中，你看见的是三个有缺口的圆环，还是一个没有轮廓的浅色三角形呢？虽然它没有边缘和轮廓，但这个三角形是不是比背景显得更浅？

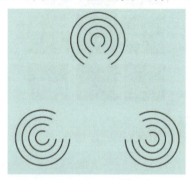

51 数字中的秘密

仔细观察下面方块中数字的规律，请问：第三块方块中问号处的数字应该是多少？

81		48		49		60		65		51
	24				35				?	
6		27		12		7		17		5

52 脸谱

下面的脸谱排列是有规律的，请找出规律，并选出正确的脸谱填在空白处。

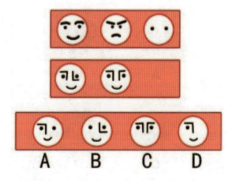

A　B　C　D

53 数字矩阵

认真观察下面的数字矩阵，你能填出问号处的数字吗？

1	1	1	1
1	3	5	7
1	5	13	25
1	7	25	?

54 按图索骥

你能根据已给出的提示图形的规律，找到正确的那一个选项吗？

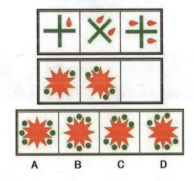

A　B　C　D

55 如何行走

你能一次且不重复地走过下面所有的树吗？想想看，先从哪棵树开始呢？

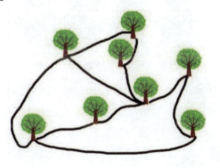

56 哪个不一样

在下面的图形中，哪一个与其他的不一样？

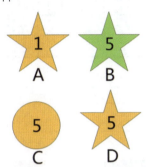

57 破解密码

下图中的符号附有密码，请根据第一幅图的密码，将第二幅图的密码破解出来。

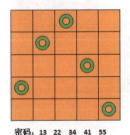

密码：13　22　34　41　55　　密码：＊＊＊＊＊

58 字母散步

以下是按顺序排列的几个字母，从其中某个字母出发向左走2步，再向右走3步，再向左走2步，再向右走3步，正好停在字母E上。

那么，请问是从哪个字母出发的？

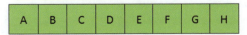

A	B	C	D	E	F	G	H

59 数字代码

请将问号替换成正确的数字。

7648	5246	3080
9627	6123	1028
8596	4458	?

60 问号变数字

认真观察两个方块中数字之间的关系，然后将问号变成正确的数字。

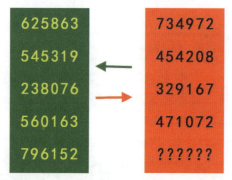

61 数字方格

找到下图中数字之间的规律，然后将问号替换成正确的数字。

5	7	11
3	2	13
23	?	17

62 如何接水

下面是一个非常复杂的水管系统，管道网络中有很多阀门，你能打开最少的阀门接到水吗？

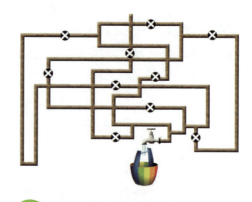

63 重叠的图形

在下面 A、B、C、D 四个图形中，将哪两个重叠能够形成上面的那个图形？

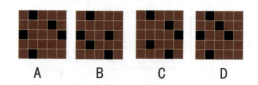

A   B   C   D

64 六边形的数目

仔细数一数，在下面的图形中有多少个六边形？

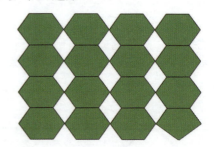

65 数字的秘密

仔细观察下面数字的规律，想想看，问号处的数字方应该是多少？

66 特别的数字

仔细观察下图中的数字，有一个是特别的，请将它找出来。

67 密室里的宝藏

探险者要到密室里取出宝藏，可是到达密室首先要穿过迷宫。请你仔细观察，帮助探险者闯过迷宫进入密室。

探险者

密室宝藏

68 幻方

把数字 1 ～ 12 填入空格内，使

任意两个连续的数都不出现在行、列或对角线上相邻的位置。

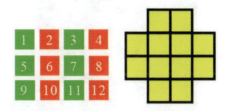

69 找小偷

昨夜汤姆家中被盗，而现在只有一张窗户上小偷影子的照片作为线索。

请仔细观察下面的图片，你能从下面四个人中推断出谁是小偷吗？

70 寻找文字

观察下面的这组汉字，找出它们的排列规律，选出问号处的汉字。

乙	乃	子	予	？

兖	乡	乌	四
A	B	C	D

71 神奇的柱子

数一数在下面的图画中有几根柱子？仔细观察中间那根柱子，你发现了什么吗？

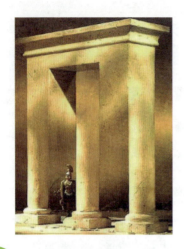

72 弯曲还是笔直

请擦亮你的眼睛仔细观察，下图中的两条粗线是弯曲的还是笔直的？

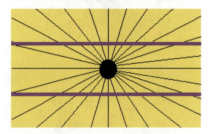

73 巧填空格

仔细观察下图中的符号，想想问号的地方应该填什么符号？

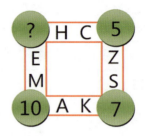

74 字母和数字

请找出正方形中字母和数字之间的联系，将图中的问号换成正确的数字。

75 两个圆

仔细观察下面的图片，被包围在内部的两个圆大小一样吗？

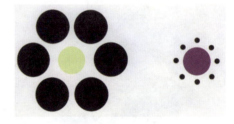

76 残缺的圆

仔细观察下图，圆圈缺口部分的两端能完全地接上吗？

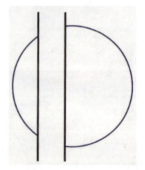

77 下一个图形是什么

请从下面图形中找出其所蕴涵的规律，然后在第六幅图的横线处填上合适的图形。

78 与众不同的音符

在下图中有一个音符与其他音符不同，你能将它找出来吗？

79 蝴蝶和花

这是一幅由蝴蝶和花组成的图画，你能在图中找到一个女人的面孔吗？

80 紫罗兰的侧脸

仔细观察下图中的紫罗兰花束，你能在叶子的中间找到隐藏的三个侧面人像吗？

81 特别的数字

下面这张邮票中的数字存在一定的规律，但是其中有一个数字不符合规律，请将它找出来。

3407	2745
8136	5418
4022	
3864	1652

82 五角星上的数字

下图中五角星中心的数字与角上的数字存在一定的联系，请仔细观察，然后将问号替换为正确的数字。

83 运动的小方块

下图中，每行的 5 个黑色小方块

是根据可预测的次序运动的，但是每行都少了一个图案。请你通过观察每行给出的3个图案，将问号处的图案补全。

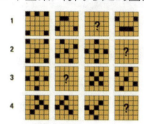

84 错误在何处

做事不认真，不负责任，就会弄出很多错误。有人说本题上就有4处错误，请问：错误在什么地方？

85 下一行是什么

仔细观察这几行数字，请问下一行是什么？

86 相似的图形

根据图形（1）和图形（2）之间的逻辑关系，图形（3）和下列哪个图形相似？

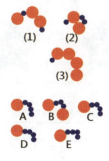

87 图形填空

下图中 A、B、C、D 中哪一个可以填充在这个格子中的空白处？

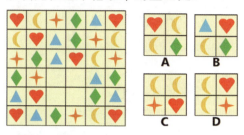

88 填数字

你能根据下图中前两个图形的规律，填出第三个图形中问号处的数字吗？

89 图画中的面孔

仔细数一数，下面这幅图画中有几张面孔？

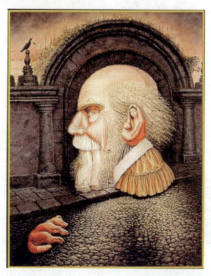

Chapter 03

第三篇
巧言善辩——文字练兵场

　　文字是人类交流的工具，而文字的巧妙运用则会充分表现出一个人的语言表达能力，本篇从提高文字运用能力、增强语言魅力的角度出发，精心设计了一系列充满趣味性、故事性的思维游戏，让你在游戏中提高自己的语言表达能力，在与别人的沟通中更加轻松自如，使你开口说话不再是难事。

哈佛优等生最爱做的

全脑思维

游戏（插图金版）

01 巧改电文

在解放战争即将结束的 1949 年，蒋介石秘密命令大特务沈醉在昆明逮捕了近百位爱国民主人士，并且打算将他们全部处死。

云南省主席卢汉得知此事后，立刻致电蒋介石为他们说情。可主意已定的蒋介石却只在回电中写了八个字：情有可原，罪无可恕。

无奈的卢汉只好求助于善于谋略的李根源先生。李根源反复看了蒋介石的回电，很快就找到了一个既简单、又可以让那些爱国民主人士免于受到迫害的办法。

你能想到那是一个什么样的办法吗？

02 金字塔

这是一首诗，你知道它怎么读吗？

开
山满
桃山杏
山好景山
来山客看山
里山僧山客山
山中山路转山崖

03 竹苞堂

清代乾隆皇帝的宠臣贪官和珅建了座书斋，请大学士纪晓岚为书斋题匾。

纪晓岚又见书斋廊外满篱疏竹，新苞丛生，遂触动灵感，题上"竹苞堂"三字。和珅见后大喜，称其"致雅清高，妙不可言"，遂令镌刻，嵌于门首。

后来乾隆到和珅家来游园，指着匾额笑道："爱卿上当了。"并为和珅解释一通，和珅听了又羞又恼，又不好发作。你知道为什么吗？

04 几滴水

什么字，1 滴水？

什么字，2 滴水？

什么字，3 滴水？

什么字，4 滴水？

什么字，6 滴水？

什么字，10 滴水？

什么字，11 滴水？

05 成语接龙

长 直入
重语 三分
不 于
怒大 不聊
勃勃机

06 默字

在"口"字外面加两笔，形成一个新的字。在 5 分钟内，看谁写出的字最多？

07 成语之最

最大的巴掌：一手（ ）（ ）

最宽的视野：一览（ ）（ ）

最大的利润：一本（　）（　）

最怪的人：三（　）六（　）

最高的巨人：顶（　）立（　）

最大的嘴：（　）若悬（　）

最深的呼吸：气吞（　）

最长的腿：一（　）登（　）

最大的手：一（　）遮（　）

最吝啬的人：一毛（　）（　）

08　地主和鸡

从前有一个地主，很爱吃鸡，佃户租种他家的田，光交租不行，还得先送一只鸡给他。

有一个叫张三的佃户，年终去给地主交租，并租第二年的田。去时，他把一只鸡装在袋子里，交完租，便向地主说起第二年租田的事。

地主见他两手空空，便两眼朝天地说："此田不予张三种。"张三明白这句话的意思，立刻从袋子里把鸡拿了出来。

地主见了鸡，马上改口说："不予张三却予谁？"张三说："你的话变得好快啊！"

地主回答了一句话，让人啼笑皆非。你知道他是怎么回答的吗？

09　拆字对联

林则徐小时候随父亲到闽江边观景，父亲随口吟出一句上联：鸿是江边鸟。

林则徐一时对不上来，二人经过一户农家小院，见一个农妇正在喂蚕，顿生灵感，随即对出了下联。

你知道他是怎样对的吗？

10　大树不能砍

我国古代有个叫徐孺子的小孩，聪明好学，能说会道。

一天，父亲带他到一个朋友家做客。敲了几下门，不见主人来迎接。徐孺子从门缝朝里一看，只见主人正在院子里挥着斧子砍树呢。徐孺子大声呼喊，主人才听到，忙开门迎接客人。

徐孺子见大树枝繁叶茂，便问："大伯，这么好的树，为什么要砍呀？"主人说："院子方方正正像'口'字，树就是木，口中加木就是'困'，不吉利！"

徐孺子听了，觉得好笑。他想保住这棵树，说："大伯，你要砍了这棵树，更加不吉利！"

父亲生气地说："小孩子，不要胡说！"徐孺子对着主人耳朵劝说了一番。主人听了，连声说："对，大树不能砍！"你猜徐孺子说了些什么？

11　纪晓岚改诗

一日，纪晓岚在书房里随手翻阅古诗，见到一首五言绝句写道：

久旱逢甘雨，他乡遇故知。
洞房花烛夜，金榜题名时。

他一边品茗一边细细吟咏，忽然嘻嘻一笑，道："这首五言古诗太'瘦'，待老夫医之，使其'肥'也！"说罢，取过文房四宝，挥笔在每句前面加了两个字，于是这首诗成了一首令人捧腹的谐趣《七绝》。

你能猜出纪晓岚在每句前面各加了哪两个字吗？

12 人名变成语

下面的表格中有 6 个人名，请在人名前后的空格里填上适当的字，使之成为成语。

	关				羽		
	赵				云		
	孔				明		
	黄				盖		
	张				飞		
	孙				权		

13 猜字游戏

根据南昌起义、武器、克莱星顿，你能猜出什么（1 个字）？

14 断肠谜

相传朱淑贞曾以断肠之情巧作《断肠谜》一则，字里行间充满着一片怨恨决绝之情，此谜作得确实巧妙："下楼来金钱卜落，问苍天人在何方；恨王孙一直去了，詈冤家言去难留；

悔当初吾错失口，有上交无下交；皂白何须问，分开不用刀；从今莫把仇人靠，千里相思一撇消。"

谜题由 10 个句子组成，每句各打一字，你知道是什么吗？

15 同音联

有一次，乾隆和纪晓岚对对联，乾隆说出了上联："两碟豆。"纪晓岚对曰："一鸥游。"乾隆皇帝听后，狡黠一笑说："朕说的是'林间两蝶逗'。"纪晓岚聪明过人，早已料到乾隆的对联暗含玄机，于是不慌不忙地应道……

乾隆听后连夸对得好。请问纪晓岚对的是什么？

16 成语星星阵

17 首尾相连

下面的成语，前一个成语的最后一个字，是后面那个成语的第一个字，这在修辞上叫"顶真"。请在它们之间的空白处填上一个字，使每组成语连接起来。

以其人之道，还治其人之（　）体力（　）若无（　）在人（　）所欲（　）富不（　）至义（　）心竭（　）不胜（　）重道（　）走高（　）沙走（　）破天（　）天动（　）利人（　）睦相（　）心积虑

醉生梦（　）去活（　）去自（　）花似（　）树临（　）调雨（　）手牵（　）肠小（　）听途（　）长道（　）兵相（　）二连（　）言两（　）重心（　）驱直（　）不敷（　）其不（　）气风（　）扬光（　）材小（　）兵如（　）采飞（　）眉吐（　）象万（　）军万（　）到成（　）败垂（　）千上（　）古长（　）红皂（　）日作（　）寐以（　）同存（　）想天（　）天辟地

18 秀才喝水

从前，有一个秀才，非常目中无人。一天，他写了首歪诗，独自吟了几遍，越吟越感到得意，于是就匆匆忙忙地出门，想到朋友家去吹嘘一番。

他走到半路上，口渴得要命，看到路边有一口水井，井水清澈凉爽，就对井边的一个小孩子说："小家伙，我是当代的大诗人，快打井水给我喝！"

小孩说："请你先猜出一个谜语，我才给你打水！"秀才骄傲地说："一言为定！"小孩大声念道："上边有口无盖头，下边无口没堵头，左边有口没挡头，中间有口无舌头。"

秀才从来没有猜过这样的怪谜，实在猜不出来，只好忍住口渴，狼狈地溜走了。这是一个字谜，你知道是哪个字吗？

19 断句

请给下面的一段话加上标点，使其语义通顺。

知止而后有定定而后能静静而后能安安而后能虑虑而后能得。

20 吃西瓜

一次，阿凡提和同伴在一起吃西瓜。由于他刚走了很长时间的路，所以非常口渴，于是坐下来便大吃起来。同伴想取笑他，就把自己吃的瓜皮都偷偷地扔到了他身边。

吃完西瓜后，同伴指着阿凡提旁边的一堆西瓜皮说："瞧！阿凡提的嘴多馋！西瓜皮那么一大堆！"这时阿凡提不慌不忙地说了一句，反过来取笑同伴比他还馋。

你知道阿凡提是怎么说的吗？

21 根据描述填成语

长竹竿进巷道——（ ）来（ ）去

黄瓜敲木钟——一（ ）不（ ）

躺下才舒服——（ ）（ ）不安

青蛙测气温——坐（ ）观（ ）

六个月完成年计划——事（ ）功（ ）

秋天的石榴——（ ）不拢（ ）

孙大圣翻跟斗——一步（ ）（ ）

秀才当兵——投（ ）从（ ）

22 成语迷宫

下图中是由汉字组成的成语迷宫，请以"山"为入口，"福"为出口走出迷宫。要求每走四格组成一个成语，且上一个成语的词尾是下一个成语的词头，可上下左右走，不可重走或斜走。

入口

山	量	力	而	惊	人	天	久	别	重
穷	水	尽	为	鸣	定	胜	地	难	逢
水	心	而	人	一	如	天	长	化	凶
到	事	足	师	表	里	不	安	吉	祥
渠	成	不	及	出	事	相	天	人	如
福	得	祸	因	有	无	安	开	想	意

出口

23 长联句读

请你给下面一副长联加上标点：

五百里滇池奔来眼底披襟岸帻喜茫茫空阔无边看东骧神骏西

蕭灵仪北走蜿蜒南翔缟素高人韵士何妨选胜登临趁蟹屿螺洲梳裹就风鬟雾鬓更苹天苇地点缀些翠羽丹霞莫辜负四围香稻万顷晴沙九夏芙蓉三春杨柳

数千年往事注到心头把酒凌虚叹滚滚英雄谁在想汉习楼船唐标铁柱宋挥玉斧元跨革囊伟烈丰功费尽移山心力尽珠帘画栋卷不及暮雨朝云便断碣残碑都付于苍烟落照只赢得几杵疏钟半江渔火两行秋雁一枕清霜

24 贪官受辱

有一个知县，刚刚上任就在县衙门口贴出了一幅对联：

一不要钱，二不要命；
三不要官，四不要名。

可他上任没几天就贪赃枉法、草菅人命、原形毕露。

于是有位才子在他的对联每句话的后面加了两个小字，使得其与原对联的意思刚好相反。

你能猜出才子加的是哪些字吗？

25 树木字谜

砍去左边是树，砍去右边是树，砍去中间是树，只有不砍不是树。

（打一字）

26 "心"的迷阵

在圈中填上适当的字，使它们组成相关的 6 条成语（3 个圈内已有 3

个"心"字，要求"心"字在成语中的位置：第一个到第四个至少有一个）。

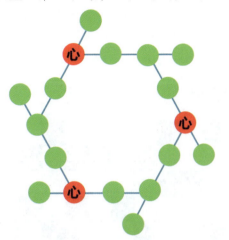

27 七言回文诗

下面有 10 个字，你能用它们组成一首七言回文诗吗？

夏、日、长、香、莲、碧、水、动、风、凉

28 机智的佛印

一天，大才子苏东坡去拜访好朋友佛印。进入寺中，苏东坡左顾右盼，却不见一人。于是他脱口喊道："秃驴何在？"佛印在禅房中听得明明白白，随口答了一句话。苏东坡听后，顿时放声大笑，暗暗佩服佛印机智过人。

请问：佛印究竟是怎么回答苏东坡的呢？

29 店面招牌

有三个商人在一处互相毗邻的地段各自租赁了一个店面，分别开起了古玩店，独立经营。

这三个店铺同时开业，有很多围观的人等着开门。只见左边的店主挂出了一个招牌，上边写着："酬宾大甩卖！"而右边的店主也挂出了一个招牌，写着："降价不惜本！"

中间的店主见了，马上回到自己店里，也拿出了一个招牌挂上。结果，大家看了，纷纷走进了他的店，生意十分红火。那么，他的招牌上到底写的什么呢？

30 "9"字成语接龙

31 纵横填成语

在空格内填上适当的字，组成首尾共用的成语。

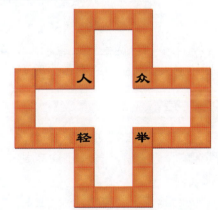

29

32 诗歌填数

准确地填出下面诗词选句中的第一个字,你会发现它们是一组很有趣的数字。

1.（ ）年好景君须记（苏轼）

2.（ ）月巴陵日日风（陈与义）

3.（ ）月残花落更开（王令）

4.（ ）月清和雨乍晴（司马光）

5.（ ）月榴花照眼明（朱熹）

6.（ ）月天兵征腐恶（毛泽东）

7.（ ）百里驱十五日（毛泽东）

8.（ ）千里路云和月（岳飞）

9.（ ）雏鸣凤乱啾啾（李顾）

10.（ ）万里风鹏正举（李清照）

11.（ ）亩庭中半是苔（刘禹锡）

12.（ ）里莺啼绿映红（杜牧）

13.（ ）紫千红总是春（朱熹）

33 老人的年龄

一群小学生在敬老院里帮助打扫卫生,休息的时候,亮亮问四位年龄较大的老人的年龄。

老人们笑而不答,但分别在地上写了几个字:"本"、"米"、"末"、"白"。

亮亮不明白这是什么意思,你知道四位老人的年龄分别是多少吗?

34 猜谜

一家人正在猜谜,爸爸出了一条字谜:"唐虞有,尧舜无,商周有,汤武无。"

孩子猜中了,也出了一条:"跑着有,走着无,站着有,坐着无。"妈妈紧接着也出了一条字谜:"右边有,左边无,后边有,前边无。"其实三个字谜是同一个谜底。

你知道谜底是什么吗?

35 填字游戏（1）

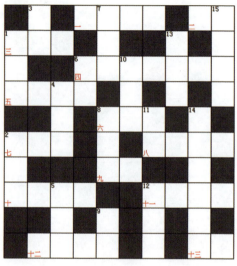

横向:

一、成语"远在天边"的下半句。

二、美国前 NBA 篮球明星奥拉朱旺的绰号。

三、一种地质灾害,山坡上大量泥沙、石块等碎屑物质经山洪冲击挟带而形成的短暂急流。

四、岑参《逢入京使》中"凭君传语报平安"的上一句。

五、成语,把姓张的帽子戴在姓李的头上,比喻认错了对象,弄错了事实。

六、证明、阐述作者观点和立场的一种文体。

七、2014 年央视春晚中的一位韩国明星。

八、一项洲际杯足球赛，被称为"小世界杯"。

九、为标志阅读到某个地方而夹在书中的小片儿。

十、政府实施政策措施以调节市场经济运行的手段。

十一、日本的一名漫画家，代表作有《幽游白书》等。

十二、一部内地电影，讲述拳击运动员的故事，并获得了2012年第49届金马奖最佳纪录片奖。

十三、指几个医生共同诊断疑难病症。

纵向：

1. 天津著名的"泥塑"民间艺术品牌，其创始人是张明山。

2. 一名企业家，创建了百度网站。

3. 经过琢磨的金刚石，可用于制作贵重首饰。

4. 韩国著名的围棋选手，被称为"石佛"。

5. 钢琴用来调音的工具，外形像小锤子。

6. 晚唐著名的诗人，代表作有《楚江怀古》《灞上秋居》。

7. 杰克·凯鲁亚克的一部小说，是描写嬉皮士运动的经典作品。

8. 一种国际文件，是缔约国关于个别问题所达成的协议。

9. 当代著名诗人，代表作有长诗《诺日朗》。

10. 艾伯特·爱因斯坦所提出的著名物理理论。

11. 中国文学艺术界联合会的简称。

12. 日本第一高峰，也是日本的象征之一。

13. 金庸小说《倚天屠龙记》中的男主角，张翠山和殷素素的儿子。

14. 从资本主义社会发展到共产主义社会的一个中间过渡阶段。

15. 北宋时期的一部科学巨著，作者为沈括。

36 填字游戏（2）

横向：

一、美国系列科幻影视剧，即《Star Trek》。

二、印度诗人泰戈尔的代表作诗集。

三、中国的首辆月球车。

四、中国古代武术的风格划分，指南方擅长拳术，北方擅长腿法。

五、张爱玲的长篇小说处女作，主人公是女学生葛薇龙。

六、三十六计之一，使对方产生错觉以出奇制胜的一种战术。

七、中国国际象棋国际特级大师，是我国获得全国男子冠军次数最多的棋手。

八、范玮琪演唱的歌曲，第一句歌词是"每段故事都有一篇剧情"。

九、职工保障的"五险一金"中的"一金"。

十、印尼前著名男子羽毛球运动员，长期排名世界第一。

十一、睡梦中说的话，也叫梦呓或呓语。

十二、大型革命声乐套曲，包括《四渡赤水出奇兵》等。

十三、英国诗人，作品有《仙后》《牧人日历》等。

十四、古龙小说《绝代双骄》中的人物，绰号"半男半女"。

纵向：

1. 成语"败絮其中"的上半句。

2. 现代作家、儿童文学作家、教育家，代表作有《倪焕之》《稻草人》等。

3. 东南亚岛国，首都马尼拉。

4. 一种书写符号，表示字母或词的省略。

5. 舞台剧导演，创作的作品有《暗恋桃花源》等。

6. 清末大侠霍元甲精通的一种拳术。

7. 一个国际军事集团组织，简称"北约"。

8. 过去军队的一种腿部防护措施，用布条绑在腿部。

9. 一种行为处事方式，也指沉稳的人默默思考，会获得成功。

10. 成语，鸟儿叫，花儿飘香，形容春天的令人陶醉的景致。

11. 法国知名服装品牌，即MONTAGUT。

12. 在有关主题以外发表的意见。

37 两王猜谜

王安石很喜欢出谜语让别人猜。一天，他的好朋友王吉甫来拜访，王安石随即出了一个谜："画时圆，写时方，冬时短，夏时长。"

王吉甫稍加思考就知道了答案，但是他没有说出来，而是说："我也出个谜语你猜猜。东海有条鱼，无头亦无尾，去掉脊梁骨，便是你的谜。"王安石听后，微微一笑，原来他们两人的谜底相同。

你知道谜底是什么吗？

38 数字与文字

图中的数字方格中都隐藏着一个字。你能把方格里的字以及相邻两个格相加组成的字猜出来吗？

1	2
3	4
5	
6	7

（1）1 加 3 是一种甘甜的水果；

（2）3 加 5 表示不活泼的意思；

（3）5 加 6 是一种有酸味的水果；

（4）6 加 7 表示儿童的意思；

（5）2 加 4 表示根底的意思；

（6）3 加 4 表示从口排出的意思；

（7）1 加 2 是一种人们都爱玩的玩具。

39 "不"字成语

不（ ）不（ ）：心里想弄明白而还不明白。

不（ ）不（ ）：不奢侈也不吝啬。

不（ ）不（ ）：左右为难，不好处理。

不（ ）不（ ）：指对人不照料，也指举动莽撞，不顾别人。

不（ ）不（ ）：不言语，该说而不说。

不（ ）不（ ）：多指对人似亲非亲、似疏非疏的关系。

不（ ）不（ ）：指处事能掌握适度的节律，不太快或不太慢。

不（ ）不（ ）：不骄傲，不急躁。

不（ ）不（ ）：指事物不正常，古代现代都不曾有过。原讯讽人学无所得却故作诡异。后常比喻折衷。

40 拆字猜谜

拆字法打三个食品名：容。

41 四菜应四诗

古代有一个厨师，他厨艺高超，能够使菜品入诗入画，慕名而来的食客络绎不绝。

一天，一个秀才来到那家饭馆吃饭，他对小二说："今天我身上只有一枚铜板，请准备三菜一汤。"说罢，他掏出一枚铜板放在桌上。

店小二一下子傻了，一枚铜板只能买两个鸡蛋啊，这不是存心刁难人吗？无奈之下他只好请出厨师。厨师听罢笑着说道："无妨，无妨，请稍等片刻。"

没一会儿，店小二飞快地上了三菜一汤：第一道菜是两个炖蛋黄，碗里还放了几根绿葱；第二道菜是把熟的蛋白切成丝，放在盘里，排成一队，下面垫一片菜叶；第三道菜是一碟炒蛋白，碟正中有一个长方形图案；第四道菜是一碗清汤，上面浮着几片蛋壳。

那么，你知道这四道菜分别应了哪首唐诗的四句话吗？

42 数字对联

乾隆四十九年，乾隆皇帝办了一次盛大的"老叟宴"。来参加的老叟非常多,其中年纪最大的已经有141岁了。看到如此隆重的场面,乾隆心里非常高兴,于是就出了一个上联"花甲重逢,有家三七岁月",并命人对出下联。

聪明的纪晓岚思考了一会儿,对出了下联:"古稀双庆,更多一度春秋。"乾隆听了,拍手叫好。因为乾隆的上联道出了最长寿老者的年龄141岁,而纪晓岚的下联恰好也包含了141这个数字。

你知道141这个数字是怎么蕴含在这幅对联中的吗?

43 成语大接力

44 选填成语

选择正确的成语填在括号内。
穷途末路 有去无回 路人皆知
后悔莫及 人云亦云 走为上计
黄雀在后 威风凛凛

八哥学舌——( )

司马昭之心——( )

螳螂捕蝉——( )

秦叔宝卖马——( )

穆桂英挂帅——( )

曹操杀二蔡——( )

三十六计——( )

肉包子打狗——( )

45 文字迷宫

这是一个由63个字组成的文字迷宫,将"起点"作为入口,"终点"作为出口,只能横走或竖走,不可斜走,同时要求所走的相邻两个字能够组成一个词。请问:该怎么走?

识	常	平	面	起	来	朝
所	住	和	面	点	头	脑
言	格	体	字	数	口	袋
论	乐	气	活	生	信	心
文	章	品	物	书	念	境
字	节	省	国	者	作	界
展	笔	亲	名	景	风	雨
开	始	终	年	纪	船	仓
演	目	点	要	录	鱼	类

46 成语加减运算

请将下面的成语运用加减法补充完整。

1. 成语加法

( )龙戏珠 + ( )鸣惊人 = ( )令五申

（　）敲碎打＋（　）来二去＝（　）事无成

（　）生有幸＋（　）呼百应＝（　）海升平

（　）步之才＋（　）举成名＝（　）面威风

2．成语减法

（　）全十美－（　）发千钧＝（　）霄云外

（　）方呼应－（　）网打尽＝（　）零八落

（　）亲不认－（　）无所知＝（　）花八门

（　）管齐下－（　）孔之见＝（　）落千丈

47 孪生成语

下面是一组类似于双胞胎的成语，你能将空白的方框填满吗？

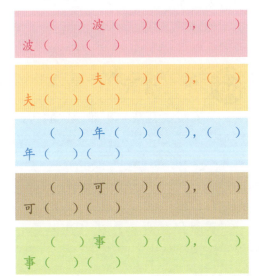

（　）波（　）（　），波（　）（　）（　）

（　）夫（　）（　），夫（　）（　）（　）

（　）年（　）（　），年（　）（　）（　）

（　）可（　）（　），可（　）（　）（　）

（　）事（　）（　），事（　）（　）（　）

（　）为（　）（　），为（　）（　）（　）

（　）不（　）（　），不（　）（　）（　）

（　）则（　）（　），则（　）（　）（　）

（　）高（　）（　），高（　）（　）（　）

（　）者（　）（　），者（　）（　）（　）

48 神奇的"二"字

语文课上，老师出了一道很特别的题目，要求大家将下面16个方格中的每个"二"字都加上两笔，使其变成16个不同的新字。

聪明的读者，你能办到吗？

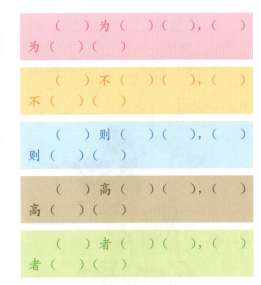

49 施氏食狮

下面这篇文章是我国著名语言学家赵元任先生写的一篇看得懂、难读清的奇文。你能将它流利地读出，并翻译成白话文吗？

"石室诗士施氏，嗜狮，誓食十狮。施氏时时适市视狮。十时，适十狮适市。是时，适施氏适市。施氏视十狮，恃矢势，使是十狮逝世。氏拾是十狮尸，适石室。石室湿，氏使侍拭石室。石室拭，氏始试食是十狮尸。食时，始识十狮尸，实十石狮尸。试释是事。"

50 真话与假话

明朝时，当时的皇帝听说解缙是个"神童"，才智非凡，有点不大相信。

一天，皇帝把解缙召进皇宫，对他说："今天你把左丞相说的一句真话，右丞相说的一句假话，用一个字连起来，组成一句假话。"

皇上话音一落，左丞相触景生情，脱口而出："皇帝坐在龙椅上。"右丞相性喜幽默，接口说了一句："老鼠捉猫。"

解缙听后，略加思索，就在两个丞相的真假话中加了一个字，组成了一句假话，弄得在场的人目瞪口呆。聪明的你能猜出解缙是如何加这个字的吗？

51 数字藏成语

$$1000^2=100\times100\times100$$（猜一成语）

$1\times1=1$（猜一成语）

333 和 5555（猜一成语）

9 寸 +1 寸 =1 尺（猜一成语）

1256789（猜一成语）

12345609（猜一成语）

52 郑板桥劝学

有一天，郑板桥路过一座学堂，听到里面传来嘻嘻哈哈的声音，走过去一看，原来是一群调皮的学生正在课堂上打闹。"你们太不像话了，赶快好好读书吧！"郑板桥生气地说。

有个学生看他穿着布衣草鞋，还以为是个老农民，就没理会，于是郑板桥说："我给你们出个谜，如果猜不对的话，你们就好好读书！"

他看到学堂旁边是厨房，里面有一样东西，就当场吟了一首咏物诗："嘴尖肚大个不高，放在火上受煎熬。量小不能容万物，二三寸水起波涛。"学生们猜了半天，谁都猜不出来，只好老老实实地去读书了。

你能猜出郑板桥咏的是什么东西吗？

53 电报暗语

公安机关截获某犯罪团伙的一封密电。电文如下："吾合分昌盍耷垄聚鑫。"你能破译这封密电吗？

54 成语方阵

下图共有 81 格，其中 28 格内有汉字。请你从中心的"罪"字处顺时针一直走到右上角格子外的"罪"字处，要求选用实用的字填满图中全部空格，使之产生 27 句成语，且上一句的词尾是下一句的词头。

挥		如		负		罪
	来		拒		非	
		耳		磨		
手		论		赏		马
	源	交	罪		针	
			诛			
鹿		半		事		瞻
	世		流		对	
	中		秀		后	

55 一字补全成语

（ ）其燃（ ）：比喻兄弟相残。

（ ）以传（ ）：把本来就是错误的东西妄加传播，越传越错。

（ ）久必合，合久必（ ）：指人或事物变化无常，分合无定。

（ ）者不善，善者不（ ）：来的不怀善意，有善意的不会来。

（ ）人自（ ）：欺骗自己，也欺骗别人。

（ ）上成（ ）：指原是亲戚，又再结姻亲。

（ ）不犯我，我不犯（ ）：人家不侵犯我，我也不侵犯人家。

（ ）者能（ ）：旧指有身份的人所做的事总是有理。

（ ）慎一（ ）：形容做事十分小心。

（ ）不胜（ ）：形容数量极多，很难计算。

56 猜成语

倒车镜：（ ）光（ ）照

多贡献勿索取：（ ）不（ ）求

医生开处方：（ ）症（ ）药

祖孙回归：返（ ）还（ ）

三国时代：鼎（ ）而（ ）

一、二、五：丢（ ）落（ ）

跷跷板：（ ）起（ ）落

棋散不知人世换：（ ）局（ ）迷

一看吓一跳：触（ ）惊（ ）

挑灯夜战：明（ ）执（ ）

57 难解之谜

有一次，在美国洛杉矶举行的中美作家联谊酒会上，美国著名诗人金斯伯格请中国作家蒋子龙猜个谜语：把一只 5 斤重的鸡装进一个只能装 1 斤水的瓶子里，用什么方法能把它拿出来。

蒋子龙立刻就答了出来。

金斯伯格哈哈大笑，伸出大拇指说："你是第一个猜出这个谜语的人。"

58 几家欢喜几家愁

项羽和刘邦当年争夺天下的时候水火不容，三国时期的刘备和关羽是结义兄弟，如果有一句话刘邦听了大笑，刘备听了大哭，这是为什么？请用一个字来回答。

59 诗谜

下面每两句诗描写的是你所熟悉的一种动物。你能猜出描写的各是什么动物吗？

1. 静养千年寿，重泉自隐居。

2. 见人屡掉胭脂尾，戏水常翻锦绣胸。

3. 暂分烟岛犹回首，只渡塞塘亦并飞。

4. 丛栖悬玉宇，叠构隐金房。

5. 锦毛濯春雨，彩翮啼朝阳。

6. 远寻红树宿，深向白云啼。

7. 临风舒四翼，映水作双身。

8. 向晚一身当道食，山中麋鹿尽无声。

9. 金眸玉爪口悬星，群兽闻知尽骇惊。

10. 人间树好纷纷占，天上桥成草草回。

60 秀才贵姓

从前，一个大户人家的老太太过六十大寿，八方宾朋济济一堂。一位秀才进京赶考，路过这里，想求一口饭吃。老太太热情地款待了他。席间，老太太问秀才："贵人尊姓大名？"秀才回答："今天不是老太太的生日宴吗？巧得很，我的姓氏与生日宴很有缘。如果把生日宴三个字作为谜面，打一字，谜底即是。"

你知道这位秀才姓什么吗？

61 巧骂财主

有个灯笼商，他有个习惯，就是在每只灯笼上都要贴一个灯谜，让人们既赏灯，又猜谜。

有一天，一个财主来买灯，这位手艺人就挑了一只灯笼给他，并贴上一条谜语："头尖身圆白如银，只为钻营到如今，眼睛长在屁股上，只认衣服不认人。"

财主一见，大发雷霆，卖灯人不慌不忙地说："老爷别发火，这是一则谜语，打一家庭用物。"然后他将谜底告诉了财主，那财主听了，觉得确实是个物谜，谜底也着实贴切。

那你知道这是什么家用物品吗？

62 财主请客

从前，有个吝啬的财主家里要办喜事，于是发了很多请帖给达官贵人和有钱势的亲朋好友。

令财主为难的是，他还有一个亲戚在附近，按道理是必须请的，不请别人也会说闲话。

但这个亲戚比较穷酸，若是请他来了，他必定送不起大礼，反而还要和其他客人一样吃喝，算起来自己还要赔。

最后，老财主想了一个主意，他给穷亲戚发了一张请帖，请帖上写了这样几句话："若是来，便是贪吃；若是不来，便是不赏脸。"

那个穷亲戚看了请帖之后在盒子中装了一文钱，并写了一张回帖。

老财主看到回帖后十分难堪。你知道回帖上写的是什么吗？

63 改对联

从前有位花花公子，从小好吃懒做，花钱如流水。父亲死后，恶性不改，很快把遗产花了个一干二净，成了个穷少爷。

一年除夕，这个穷少年过年连米也没有。于是他自嘲地写了副对子："行节俭事，过淡泊年"贴在门口。

舅父买了两斤肉，背了十斤米过来，见门前春联，感慨万分，便对外甥说："你这对联的头上，还应各加一个字！"说完挥笔写了一副门联。

穷少年一见，羞愧不已，从此改邪归正，自力谋生，成了个回头浪子。

你知道那好心舅父在对联头上各加了一个什么字吗？

64 名医药方

明朝时有一县官，鱼肉百姓，无恶不作。他听说李时珍（《本草纲目》作者）医术高明，能妙手回春，便亲自登门，请李时珍为他开一服能延年益寿的药。

李时珍平素最恨的就是这帮贪官污吏，便随手为他开了一服药方：

柏子仁三钱、木瓜二钱、官桂三钱、柴胡三钱、益智二钱、附子三钱、八角二钱、人参一钱、台乌三钱、上党三钱、山药二钱。

县官拿到药方，如获至宝，回到县衙。县官的师爷为人狡猾，略通医理，看了药方后说道："老爷，这哪里是什么益寿药方，这是李时珍在借方骂你呢！"

县官按他的指点去读，被气得直翻白眼。

那么，这服药方你读懂了吗？

Chapter 04

第四篇
心中有"数"——计算挑战赛

　　伟大的数学家华罗庚曾说过："宇宙之大、粒子之微、火箭之速、化工之巧、地球之变、生活之谜、日月之繁，无处不用数学。"本章从数学思维角度出发，精选了一些极具探究意味的计算题，让你体会到数学就在身边，激发你运用数学解决实际问题的兴趣，让你感受到数学的魅力。

哈佛优等生最爱做的

全脑思维

游戏（插图金版）

01 沙发的价格

在一个家具店里有三种不同的沙发，其价格分别如下：

（1）它们的单价各不相同；

（2）它们的单价加起来总共是4000元；

（3）第一种沙发比第二种沙发贵400元；

（4）第三种沙发的单价是第二种的2倍。

请问：这三种沙发的单价各是多少？

02 砖头的重量

一块砖头的重量是一公斤再加半块砖头的重量。那么，一块砖头的重量是多少？

03 树的距离

涛涛家的门前有一排树，共有10棵，树与树之间的距离是3米。妈妈问涛涛，从第一颗树到最后一棵树之间一共长多少米？

涛涛回答："一共长30米。"涛涛回答得正确吗？为什么？

04 剩余的页数

一本共计100页的书，其中的第20～25页脱落了，请问：这本书还剩下多少页呢？

05 "8"的个数

你能算出从0到99这100个数字中共有多少个"8"吗？

06 大象和鸵鸟

有个管理员决定计算一下公园里大象和鸵鸟的数量。

他是通过计算这些动物的头和腿的数目来统计动物的数量的。最后，他算出一共有35个头和78条腿。请问，你知道公园里分别有多少只大象和鸵鸟吗？

07 散步

一个人在一个正方形的区域散步。路线如下，如果正方形的边长是10米，路宽是2米，他顺着路的中线走。那么，他走到终点，共走了多少米？

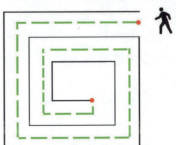

08 老人的年龄

有一位老人，孩童时期占据了他生命1/4的时间，青年时期占据1/5，在生命 1/3 的时间里他是成年人，而在他生命的最后 13 年里，他成了一位老绅士。请问：这位老人去世的时候年龄是多大呢？

09 乌鸦与树

有几只乌鸦落在树上休息：如果每根树枝上落一只，就有一只乌鸦没有树枝可落；如果每根树枝落两只，那么就有一根树枝上没有乌鸦可落。请你说说共有几只乌鸦？几根树枝？

10 称水

假设有无穷多的水，一个容积为 3 升的水桶，一个容积为 5 升的水桶，两只水桶的形状、上下都不均匀。请问：如何做才能准确地称出 4 升的水？

11 谁对谁错

汤姆和杰克在一起看一本漫画书，汤姆指着书的页码说："我们现在看的这页，左右两页页码的和是 132。"而杰克说："你错了，左右两页页码的和是 133。"请你仔细想想，他们俩谁说的对呢？

12 一个分数

请将数字 1 ~ 9 分别填在分数符号的上面和下面，使最终的结果等于三分之一。

13 蜡烛

有一个小镇经常停电。每停一次电，一家居民就要用去 1 支蜡烛，每 5 个蜡烛头又可再做成 1 支蜡烛。

现在有一家居民家里只剩下 40 个蜡烛头了，用这些蜡烛头再做成蜡烛，可以供几个停电的晚上使用？

14 两尊小雕像

加尔文刚开了一家古董店，他总是将两尊小雕像摆放在橱窗的最前面。很快两尊小雕像都被卖了出去。他先把一个小雕像以 198 元卖掉，赚了 10%；然后又把第二个雕像以 198 元卖掉，这次赔了 10%。那么，请问加尔文在这两次雕像交易中究竟是赚了还是赔了？

15 商人买马

有 3 个商人都要买一匹好马，这匹马的价格是 17 两银子。

可是，这 3 个商人每个人的银子都不够。

于是，甲对乙和丙说："把你们的银子每人借我 1/2，我就能买这匹马了。"乙对甲和丙说："把你们的银子每人借我 1/3，我就买这匹马了。"丙对甲和乙说："把你们的银子每人借我 1/4，我就能买这匹马了。"

请问：这 3 个商人各自带了多少银子？

16 依序连数

将下面的数字按照顺序用加号相连，使和等于 99（数字可以连用）。

$$9\ 8\ 7\ 6\ 5\ 4\ 3\ 2\ 1 = 99$$

17 字母等式

如果下列式子中的字母代表的数值与它们在英文字母表中的位置号相一致，那么该题结果是什么？

$$(x-a)(x-b)(x-c)\ldots\ldots(x-y)(x-z)=?$$

18 大于和小于

将数字 1～9 填入下面的方格阵中，使里面的大于和小于都成立。

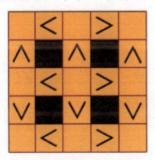

19 一条大鱼

小梁钓到了一条大鱼，他想量一量这条鱼有多长，可是他发现自己的尺子太短。他先量鱼头，发现鱼头是 9 厘米。然后又量鱼尾，发现鱼尾的长度是鱼头的长度加上鱼身长度的一半。

如果鱼身的长度是鱼头的长度加上鱼尾的长度，那么这条鱼的全长是多少？

20 八角方阵

将 1~16（8、4、9 除外）几个数字填入下面八角方阵的空格里，使每条直线上的数字之和相等。

21 同时具备

一个公司正在召开年度总结大会，参加会议的一共有 20 人，在这 20 人中，有 14 人是男士，12 人是短发，11 人很瘦，7 人是高个子。

请问有多少个人同时具备这些条件，即他们是又高又瘦的短发男士呢？

22 图形与数字

下图中每个图形都代表一个数字，那么，问号的地方应该是多少呢？

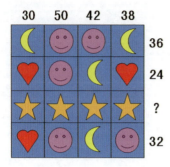

可是她只找到了两个空瓶子，一个容量是 1.5 升，一个容量是 2.5 升。

请问：有什么办法能够帮助妈妈用这三个瓶子将果汁平均分配呢？

27 买水果

五元钱一堆香蕉，三元钱一堆橘子，两元钱一堆苹果，合在一起，请问共有几堆？

23 巧组等式

按照给出的例子的样式，用给出的数字和运算符号，组成合适的等式，数字的顺序可以调换。

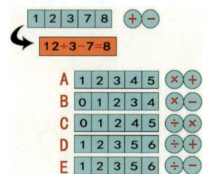

28 循环数字

根据前面给出的算式，你能不通过计算就写出最后两个算式的结果吗？

1x1=1
11x11=121
111x111=12321
1111x1111=1234321
11111x11111=？
111111x111111=？

24 吃桃

一毛钱一个桃，三个桃胡换一个桃，你拿 1 块钱最多能吃几个桃？

25 难题

有一道难题是这样的：请找一个最小的整数，使它与 2，3，4，5，6，7，8，9，10 相除后所得的余数都是 1，你能找到吗？

29 储水箱

一个储水箱共有四个水龙头可以往里面注水。如果只开第一个水龙头，需要两天的时间才能将储水箱注满；只开第二个需要三天；只开第三个需要四天；只开第四个只需要六个小时。

那么，如果将四个水龙头同时打开往里注水，需要多久就可以把储水箱注满？

26 分果汁

妈妈给豆豆和丁丁买了一瓶 4 升的果汁，她想把果汁平均分配成两份，

30 玩具火车

爸爸给丁丁买了一个玩具火车作为生日礼物。除了火车配备的车厢之外，爸爸又花了 20 元钱买了另外的 20 节

车厢。其中乘客车厢每个 4 元，货物车厢每个 0.5 元，煤炭车厢每个 0.25 元。

你能计算出这几种类型的车厢各有几个吗？

31 五星幻方

请将数字 1 ～ 12（7、11 除外）填入图中的圆圈中，使每一条直线上的数字之和都为 24。

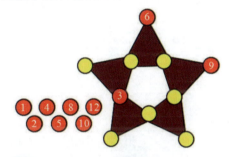

32 打碎的陶瓷花瓶

一个陶瓷公司要给某地送 2000 个陶瓷花瓶，于是就找了一个运输公司运送陶瓷花瓶。运输协议中规定：每个花瓶的运费是 1 元；如果打碎 1 个，不但不给运费，还要赔偿 5 元。

最后，运输公司共得运费 1760 元。那么，这个运输公司在运送的过程中打碎了多少个陶瓷花瓶？

33 现在是几点

如果在两个小时以后，距离午夜 12 点时间是如果在一个小时以后距离午夜 2 点时间的一半。请问：现在是几点？

34 猴子分桃

5 只猴子在海边发现一堆桃子，决定第二天来平分。

第二天清晨，第一只猴子最早来到，它左分右分分不均，就朝海里扔了一个，恰好可以分成 5 份，它拿上自己的一份走了，第 2、3、4、5 只猴子也遇到同样的问题，采用了同样的方法，都是扔掉一个后，恰好可以分成 5 份。

已知第一只猴子拿走了 624 个。请问：这堆桃子至少有多少个？

35 奇妙的数字

有一个三位数字很奇妙，该数字减去 7 后能够正好被 7 除尽；减去 8 后能够正好被 8 除尽；减去 9 后能够正好被 9 除尽。

猜猜这个三位数字是多少？

36 全等长方形

下图是由 5 个全等的长方形组成的，大图形的周长是 88mm，那么，它的面积是多少呢？请迅速做出选择。

A.478
B.482
C.480
D.476

37 玻璃球

甲口袋放有 N 个白玻璃球和 M 个黑玻璃球，乙口袋中放有足够的黑玻璃球。

现在每次从甲口袋中任取 2 个玻璃球放在外面。当被取出的 2 个玻璃球同色时，需再从乙口袋中取 1 个黑玻璃球放回甲口袋；当取出的 2 个玻璃球异色时，将取出的白玻璃球再放回甲口袋。

最后，甲口袋中只剩两个球，问剩下一黑一白玻璃球的几率有多大？

38 等式

下面的式子是不成立的，请你想办法移动一个数字，使等式成立。

$$101-102=1$$

39 撞钟的时间

修士塞巴斯蒂安和修士撒迪厄斯在钟楼值班，这并不是一个轻松的差事，他们每个晚上都不会很清闲。通常情况下，钟在正常运转时，他们的工作量是稳定的。比如，5 点时他们撞钟的时间是 25 秒。那么，你能否根据这些条件计算出 10 点时他们撞钟的时间是多少呢？

40 巧算面积

下图中正方形的边长是 10 厘米，其中 A、B、C、D 四点是各个边长的中点。请问：你能用一种简单的办法算出阴影部分的面积吗？

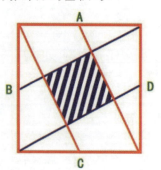

41 富翁的遗产

一位富翁临死前留下遗嘱，要将自己的遗产分给他的三个仆人。

会客室的那个仆人跟随主人的时间是女佣人的三倍，而厨师跟随主人的时间又是会客室仆人的两倍，遗产是按照跟随主人的时间来分配的，总共分出了 7000 元。

那么，每个人各分得了多少遗产呢？

42 数字阶梯

根据数字的规律，将问号替换成正确的数字。

43 填数字

根据右边的提示，将 1~9 九个数字填入下图中的红圈内，"① =25"表示与数字 1 相连的所有数字之和为 25；② =17 表示与数字 2 相连的所有数字之和为 17，以此类推。

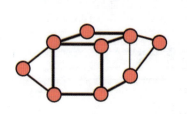

①= 2 5
②= 1 7
③= 1 4
④= 8
⑤= 7
⑥= 1 4
⑦= 1 4
⑧= 1 0
⑨= 1 6

44 马驮石头

现在共有 100 匹马跟 100 块石头，马分 3 种，即大型马、中型马和小型马。其中一匹大型马一次可以驮 3 块石头，中型马可以驮 2 块，而小型马 2 头可以驮一块石头。问大型马、中型马和小型马各有多少头（问题的关键是刚好必须是用完 100 匹马）？

45 字母与数字

将下面等式中的字母替换为正确的数字，使等式成立。

(1)
```
  S E N D
+ M O R E
─────────
M O N E Y
```

(2)
```
  A B C D
×       D
─────────
  D C B A
```

46 数手指

从拇指开始数到小指，然后折回来接着数，到拇指后再折回去数（折回去数时小拇指与拇指都不重复计数），请问第 1000 个是哪根手指呢？

47 巧填等式

在下面的方格中填入 1~9 九个数字，最后使各个等式成立，要求每个数字只能使用一次。

48 商人过关口

某个地方有这样一个规定：商人带着商品每经过一个关口，就要被没收一半的钱币再退换一个。

有一个商人，在经过十个关口之后，只剩下两个钱币了，你知道这个商人最初共有多少个钱币吗？

49 字母等式

下面是由字母构成的一个等式，请将字母换成 1~9 的数字，并使等式成立。

等式下面给出了其中一种解法，你还能写出几种来？

$$A + \frac{B}{C} + \frac{DEF}{GHI} = 10$$

$$9 + \frac{2}{4} + \frac{178}{356} = 10$$

50 等式游戏

一个等式中的两个 2 之间的加号可以换成乘号而不改变结果：

$2+2=2\times2$

带 3 个数字的等式也很简单：

$1+2+3=1\times2\times3$

那么，请你找出带 4 个数字和带 5 个数字的等式。

51 三方相等

将 1~7 七个数字分别填入下面的 6 个方块和 1 个三角中，使三个方向的数字之和相等。

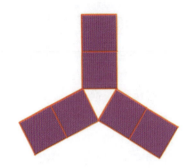

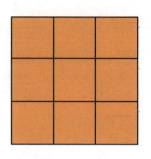

52 射击比赛

甲和乙两个人进行射击比赛。比赛开始时，两人的子弹数相同。

第一局，甲的子弹数增加了 20，然而在第二局和第三局，他损失了 2/3 的子弹。而乙的子弹数则是甲的四倍。

那么，你能否计算出比赛过后，两人各有多少个子弹吗？

53 5 的等式

下面是关于 5 的四个等式，请填上加减乘除符号，使等式成立，注意先乘除后加减。

2 2 2 2 2 = 5
3 3 3 3 3 = 5
4 4 4 4 4 = 5
5 5 5 5 5 = 5

54 九宫格

将数字 1~9 填入下面的九宫格内（每个数字只能使用一次），使每一行的三个数字组成一个三位数，同时使第二行的三位数是第一行的 2 倍，第三行的三位数是第一行的 3 倍。

55 八方格

将数字 1~8 分别填入图中的八个方格内，使在同一条直线上的三个数字之和等于 14。

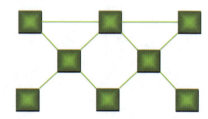

56 右撇子与左撇子

一个班级里的学生有右撇子，也有左撇子，还有既不是左撇子也不是右撇子的学生。在这道题目里，我们把这些既不是左撇子也不是右撇子的学生看作既是左撇子又是右撇子。

班上 1/7 的左撇子同时也是右撇子，而 1/9 的右撇子同时也是左撇子。

请问，班上是不是有一半以上的人都是右撇子？

57 巧改等式

下面是一个正确的等式，你能否将其中的一个加号改为乘号，使得这行数字相加的结果等于 100？

1+2+3+4+5+6+7+8+9=45

58 敲钟

一个钟 5 秒内敲 6 下，那么它敲 11 下要花多长时间？

59 破解算式

下面是一道算式，数字被英文密码隐藏了起来。隐藏的数字是个奇特的式子，请你仔细想想这个式子到底是什么样的？

$$
\begin{array}{r}
A\ B\ C\ D\ E\ F\ G\ H \\
\times\qquad\qquad\qquad X\qquad\quad A \\
\hline
B\ B\ B\ B\ B\ B\ B\ B\ B
\end{array}
$$

60 按角度行走

小轩刚学了关于角度的知识，感到非常兴奋。于是，他带了一个大的量角器，从一个点出发，向前走了 1 米，然后就向左转 $15°$；再向前走 1 米，然后再向左转 $15°$……他这样走下去，可以回到他的出发点吗？

如果可以，他一共走了多少路程？

61 神奇的数字

有一个神奇的数字，它具有下面的特征：用它除 2 时，余数是 1；用它除 3 时，余数是 2；用它除 4 时，余数是 3；用它除 5 时，余数是 4；用它除 6 时，余数是 5；用它除 7 时，余数是 6；用它除 8 时，余数是 7；用它除 9 时，余数是 8；用它除 10 时，余数是 9。

请找出具有以上特征的最小的数。

62 喝啤酒

假定桌子上有三瓶啤酒，每瓶平均分给几个人喝。

但喝各瓶啤酒的人数不相等，不过其中一个人同时喝了三瓶啤酒，且每瓶啤酒的量加起来正好是一整瓶。

请问：喝这三瓶啤酒的各有多少人呢？

63 等式的规律

你能根据前面几个等式给出的规律，不用计算就得出最后一个等式的结果吗？

$$142857 \times 1 = 142857$$

$$142857 \times 2 = 285714$$

$$142857 \times 3 = 428571$$

$$142857 \times 4 = 571428$$

$$142857 \times 5 = 714285$$

$$142857 \times 6 = ?$$

64 如何分配

有一堆垃圾，规定要由张、王、李三户人家清理。

张户因外出没能参加，留下 9 元钱做代劳费。

王户上午起早干了 5 小时，李户下午接着干了 4 小时刚好干完。

问王户和李户应怎样分配这 9 元钱？

65 十字方格

将数字 6, 8, 10, 12, 14 分别填入下面的十字方格中, 使横竖的和相等。

66 小男孩的年龄

一个小男孩正在公园里玩耍, 这时一个阿姨问他:"你今年几岁了?"小男孩想了想, 调皮地说道:"我的年龄是我妹妹年龄的 5 倍, 我妈妈的年龄是我的年龄的 5 倍, 我爸爸的年龄是我妈妈的年龄的两倍, 我们的岁数全加起来正好是我外公的年龄, 我们正要赶去给他过 81 岁生日呢。"

请问:这个小男孩到底几岁了?

67 数字方阵

将数字 1~8 填入下面的方格阵中, 使相邻的(包括线边缘和角边缘)方格中没有相连的数字。

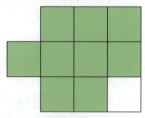

68 三个等式

请将 1~9 九个数字填在下面三个

等式的括号里, 使等式成立(每个数字只能用一次)。

( ) + ( ) = ( )
( ) − ( ) = ( )
( ) x ( ) = ( )

69 整齐的等式

已 知:12345679×(9)=111111111;12345679×(18)=222222222;你能不用计算的方法就在下面算式的括号中填入正确的两位数使等式成立吗?

(1) 12345679× ( ) =333333333
(2) 12345679× ( ) =444444444
(3) 12345679× ( ) =555555555
(4) 12345679× ( ) =666666666
(5) 12345679× ( ) =777777777
(6) 12345679× ( ) =888888888
(7) 12345679× ( ) =999999999

70 完成等式

在下面的式子中, 如果你可以确定一个字母等于 9, 那么另外一个就等于 5, 同时还有一个字母一定等于 4。已知 E=4, V=7, 请完成算式。

$$AFIVE$$
$$+AFOUR$$
$$\overline{IFNINE}$$

71 年龄的问题

三个人在一起聊天, 说起各自的年龄时, 一个人发现, 三个人的年龄有些巧合：如果把甲年龄数字的位置对调一下，就是乙的年龄；而乙的年龄是丙的年龄的十倍；甲的年龄减去乙的年龄正好是丙的年龄的两倍。

你知道他们三人的年龄各是多少吗？

72 设置密码

一位男士需要设置一个银行密码。按照银行的规定，密码一共有六位，前三位由字母组成，后三位由数字组成。

问：按照下面的条件，密码的设定分别有多少种可能性？

1. 可以使用所有的字母和所有的数字。

2. 字母和数字都不能重复。

3. 密码的开头字母必须是 T，其他条件同条件 2。

73 山洞机关

一个盗贼在藏有宝藏的山洞偷得了宝藏之后不小心踩中了机关，恐怕性命难保，机关上恰好有一道谜题：

把你手中偷到的 45 个金币分成 4 份，分别放回四个宝箱中，并且使第一份加 2，第二份减 2，第三份乘 2，第四份除以 2 所得的结果一致，你就可以安全离开。

请问：盗贼应该怎样放金币才能安全地离开呢？

74 招生计划

有一所三年制高级中学，每个年级为 300 人，共 900 名学生。该校制订了一个比现有学生人数翻一番的招生计划，决定从明年新生入学开始，每年招生要比前一年多 100 人。

那么，需要多少年之后才能完成这个招生计划呢？

75 阿米斯的抄本

大约在公元前 2000 年，阿米斯是法老阿门尼玛特三世的王室秘书和数学家。后来人们在一座庙宇中发现了阿米斯的抄本，上面有一个数迷：

一百份玉米要分给五个工人，以致第二个工人比第一个工人多，第三个工人比第二个工人多，第四个工人要比第三个工人多，第五个工人要比第四个工人多。头两个工人比后三个工人少六倍。

请问：每个工人应该得多少（可以有分数）？

76 分糖果

三兄弟共有 770 颗糖果，他们打算像往常一样，根据他们年龄的大小按比例进行分配。以往，当二哥拿 4 颗糖果的时候，大哥拿 3 颗；而每当二哥拿 6 颗时，最小的弟弟可以拿 7 颗。

你知道三兄弟每人可拿到多少糖果吗？

77 选择公司

A 和 B 两个公司的招聘广告上只有以下两点不同，其他条件完全相同，从收入多少来考虑，选择哪个公司有利？

A 公司：年薪 100 万元，每年提薪一次加 20 万元。

B 公司：半年薪 50 万，每半年提薪一次加 5 万元。

78 买东西

乔伊到商店买东西。如果他买一个的话，得 85 元；买两个的话，得 70 元；买三个的话，得 55 元。你知道这是为什么吗？

79 下一个数字

找出下面数字的规律，推算出下一个数字是多少。

| 211 | 621 | 041 | 451 | 861 | ? |

80 李白买酒

李白无事街上走，提壶去买酒。遇店加一倍，见花喝一斗。三遇店和花，喝光壶中酒。壶中原来有多少酒？

请用一种简便的方法计算出原来壶中有多少酒？

81 百钱百鸡

我国数学家张丘在他所著的《算经》里提出了一个著名的不定方程问题：公鸡一个值五文钱，母鸡一个值三文钱，小鸡三个值一文钱，现在用了一百文钱，恰好买了这三种鸡共 100 只。

请问公鸡、母鸡、小鸡各多少只？

82 沙漏计时

现在有两个沙漏，一个是 6 分钟的，一个是 8 分钟的。请问，如何用这两个沙漏准确地判断出 10 分钟的时间呢？

83 螺母、螺钉和垫圈

通过天平测量后得知：3 个螺母加上一个螺钉等于 12 个垫圈的重量；一个螺钉等于一个螺母加上 8 个垫圈的重量。

请问：多少个垫圈等于一个螺钉的重量？

84 摆苹果

将苹果摆成金字塔的形状，第一层摆 1 个，第二层摆 5 个，第三层摆 14 个，第四层摆 30 个。那么，如果摆一个五层的金字塔总共要用多少个苹果？

85 最后的清算

有四个人，他们彼此之间借钱的数目具体如下：

甲向乙借了 10 美元；

乙向丙借了 20 美元；

丙向丁借了 30 美元；

丁又向甲借了 40 美元。

碰巧现在四个人都在场，决定结个账，请问最少只需要动用多少美元就可以将所有欠款一次付清？

86 六边形

把左边的数字填入黄色的圆圈中，使每条直线上的三个数字之和都为21。

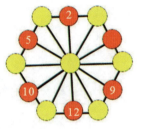

87 买香蕉

5个人去买香蕉，他们买的香蕉的个数分别是A、B、C、D、E，已知A是B的3倍，C的4倍，D的5倍，E的6倍，那么，请问这5个人所买的香蕉的个数最小是多少？

88 两桶葡萄酒

有两桶葡萄酒，分别贴着A和B两个标签，且A桶里的葡萄酒比B桶里的多。

首先，将A桶中的酒倒入B桶，倒入的酒量与B桶的酒相等。

然后，将B桶中的酒倒回A桶，倒入的酒和A中现有的酒相等。

最后，再将A桶中的酒倒回B桶，倒入的酒与B桶中现有的酒相等。

这个时候，两个桶内都有48升的葡萄酒。

请问两个酒桶原来各有多少葡萄酒呢？

89 最小的数

有四个数分别为A、B、C、D，

它们之间存在着以下关系：A、B之和大于C、D之和；A、D之和大于B、C之和；B、D之和大于A、C之和。请问：在这四个数中哪个数最小？

90 古玩

有一天，古董商王先生买了一个绝妙的古玩，他为这件艺术品支付了90%的"账面"价值。第二天，一个收藏家看到后，说愿意支付高出他25%的费用将其买下。

王先生毫不犹豫地答应了，这样，他就从这笔交易中赚了105元。那么，你能否根据这些实际情况推算出这件诱人的古玩的账面价值？

91 分财产

有一个财主去世了，根据他的遗嘱，他的财产将会分给他的三个孩子。

财主有17头牛，根据遗嘱，老大分1/2，老二分1/3，老三分1/9但是17不能被2、3、9整除，于是三个孩子犯了难。

这时一个智者过来了，他在了解了情况之后，很快就按照遗嘱的要求分好了牛，而且也没有杀死一头牛。你知道智者是怎么分牛的吗？

92 巧填符号

在下面的数字中间填上加号和减号，使等式成立。你可以想出多少种填法呢？

9 8 7 6 5 4 3 2 1=100

93 计算时间

小天在 6 点多一点出去了，这时分针和时针为 110° 角，在 7 点不到的时候回来，此时分针和时针刚好又成 110° 角。

请问：小天出去了多长时间？

94 吃羊

有一只山羊，狮子用 2 小时吃完它，熊 3 个小时吃完它，狼 6 个小时吃完它。如果这 3 只动物一块吃山羊，用多少时间吃完它？

95 M 是多少

下面是一组关于 M 的等式，请你算出 M 代表的数字是多少？

$$M \times M \div M = M$$

$$M \times M + M = M \times 6$$

$$(M + M) \times M = 10 \times M$$

96 计算器上的数字

两个人拿着计算器玩游戏，甲说："请你从数字 1～9 中任意选一个你喜欢的数字，然后输入到计算器上。"

乙说："我选择 6。"

甲说："接下来，你把这个数字乘以 15873，然后再乘以 7。"

乙按照甲说的进行操作："咦，怎么会这样？"

猜猜看，乙计算器上的数字到底是多少呢？

97 百米冲刺

甲和乙比赛 100 米冲刺，结果，甲领先 10 米到达终点。乙再和丙比赛 100 米冲刺，结果，乙领先 10 米取胜。现在甲和丙作同样的比赛，结果会是怎样呢？

98 挥发的药水

一种挥发性药水，原来有一整瓶，第二天挥发后变为原来的 1/2 瓶，第三天变成第二天的 2/3 瓶，第四天变为第三天的 3/4 瓶。

请问：第几天时药水还剩下 1/30 瓶？

A.5 天　　B.12 天

C.30 天　　D.100 天

99 多边形幻方

把数字 1～9 填入下图中圆圈中，使每条直线上的三个数字之和都为 15。

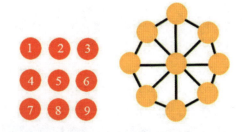

100 走楼梯

一栋大楼总共有 10 层，小李要到第 8 层办事，很不巧正赶上停电，不能乘坐电梯，只好爬楼梯。如果小李从第一层走到第四层需要 48 秒，请问：以同样的速度从四层往上走到八层，需要多少秒才能到达？

101 菱形方阵

在下面菱形方阵的圆圈中填入数字 1 ～ 15，使图中每个菱形的数字之和都相等。

102 蜗牛爬井

一只蜗牛不小心掉进了一口枯井里，它必须爬出枯井才能活命。

枯井深 20 米，蜗牛每个白天可以往上爬 2 米，但是晚上又会往下滑 1 米。请问：蜗牛需要几天才能爬出这口枯井？

103 一盘巧克力

很久以前，三个人在旅店里住宿。用完晚餐后，他们点了一盘巧克力，并打算平分。可是巧克力还没上来他们就都睡着了。第一个人醒来时看见了巧克力，于是把他那份吃了，接着又睡着了。第二个人不久也醒了，也把认为属于自己的那份吃了，然后很快又睡着了。最后，第三个人醒来发现了巧克力，把认为属于自己的那份吃了，然后也进入了梦乡。

他们在美梦中度过了那一夜。第二天，服务员将盛有巧克力的盘子收走了，这时桌子上剩下 8 块巧克力。那么，你知道桌子上原来有几块巧克力吗？

104 孙子定理

我国古代有一道闻名中外的计算题，被称为"孙子定理"或"鬼谷子算法"等。

原题是这样的："今有物不知其数，三三数之剩二，五五数之剩三，七七数之剩二，问物几何？"意思是：现有一些物品，不知道它的具体数目。以 3 个来计数（每 3 个为一组的数），最后剩下 2 个；以 5 个来计数，最后剩下 3 个；以 7 个来计数，最后剩下 2 个。

请问：这些物品至少有多少个？

105 楼房的编号

街道上的楼房从 1 开始按顺序编号，直到街尾，然后从对面街上的楼房开始往回继续编号，到编号为 1 的楼房对面结束。每栋楼房都与对面的楼房刚好相对。

若编号为 121 的楼房在编号为 294 的楼房的对面，那么，这条街的两边共有多少栋楼房？

106 猜年龄

四个人围桌而坐，将他们的年龄两两相加分别是 45、56、60、71、82，其中，有两个人的年龄没有相加过。

由此，你能算出他们的年龄分别都是多少吗？

107 最小的数字

如果不使用任何其他的符号和记号，只把 1、2、3、4 这四个数字各使用一次，组成最小数字的方法有多少种？分别是哪几种？

108 魔力六边形

请将数字 1 ～ 19（除去图中已填出的）填在下图中的六边形游戏板上，使得每条直线上的数字之和都相等。

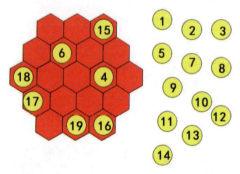

109 卖车

奈尔昨天把他那辆旧车卖掉了，标价 1100 元，没有人买。后来又降到 880 元，还没有人买，他又降到 704 元。最后，处于绝望中的他又一次降价，结果贝尔买走了。那么，你能猜出他花了多少钱买的吗？

110 半包巧克力糖的数量

三个人去踏青，等车的过程中，其中一人拿出了自己剩下的半包巧克力糖，然后三个人平分了，可是每个人都没有吃。

二十分钟后，每个人都吃了 4 块巧克力糖。这时三人所剩的巧克力糖的总数恰好与开始时每一个人分得的巧克力糖的数量一样多。

请问：原来那半包巧克力糖到底有多少块？

111 橘子的个数

有一堆橘子，如果每 5 个作为一组地数，就会剩下 4 个；如果每 4 个作为一组地数，就会剩下 3 个；如果每 3 个作为一组地数，就会剩下 2 个；如果每 2 个作为一组地数，就会剩下 1 个。请问：这堆橘子至少有多少个？

112 巨人的环球旅行

一个 3 米高的巨人，沿赤道环绕地球步行一周。

他的脚底沿赤道圆周移动了一圈，他的头顶画出了一个比赤道更大的圆。

已知地球赤道的半径是 6371 千米。在这次环球旅行中，这位巨人的头顶比他的脚底多走了多少米？

113 牛的数量

从前有个农夫，死后留下了一些牛，他在遗书中写道：

"妻子得全部牛的半数加半头；长子得剩下的牛的半数加半头，正好是妻子所得的一半；次子得还剩下的牛的半数加半头，正好是长子的一半；长女得最后剩下的半数加半头，正好等于次子所得牛的一半。"

结果一头牛也没杀，也没剩下，问农夫总共留下多少头牛？

114 保险箱的密码

有一个保险箱，其密码由三个号码（每个号码有两位数）组成，已知，第一个号码乘以 3 所得结果中的数字都是 1；第二个号码乘以 6 所得结果中的数字都是 2；第三个号码乘以 9 所得结果中的数字都是 3。

你能将密码呈现出来吗？

115 宝石的数量

一个人有 59 颗宝石，分别是红宝石和蓝宝石。他用袋子装着他们，每 9 颗红宝石装在一个袋子里，每 4 颗蓝宝石装在一个袋子里。

请问：这个人有多少颗红宝石呢？

116 握手

宴会上总共有 12 个人，每两个人都要握手一次，请问：每个人握手的次数是多少呢？

117 酒鬼换酒

5 个空酒瓶可以换一瓶啤酒。一个酒鬼在一个星期内一共喝了 161 瓶啤酒，其中有一些是用喝剩下来的空酒瓶换的，请问：酒鬼至少买了多少瓶酒呢？

118 生死赛跑

非洲大草原上，一只猎豹正在追赶一只羚羊。假设它们在 100 米的直线上跑个来回。猎豹 1 步跑 3 米，羚羊 1 步只能跑 2 米，但是猎豹跑 2 米的时候羚羊能跑 3 步。在这样的情况下，猎豹可以追上羚羊吗？

119 分桌子

毕业了，寝室里的 5 个人要分桌子。寝室里有 3 张一模一样的桌子，把这 3 张桌子分给 3 个人，然后分到桌子的三个人各拿出 1000 元，再将钱平均分给两个没有分到桌子的人。这样一分，大家都觉得合理。事后，其中一个人算了半天也不知道一张桌子到底是多少钱。聪明的你能告诉他吗？

120 吹泡泡比赛

卡尔是吹泡泡比赛的冠军，有人问他一次最多吹出来多少个泡泡时，他是这样回答的："如果在那个数字的基础上加上那个数字，然后再加上那个数字的一半，接着再加上 7，我就能吹出来 32 个泡泡。"

那么，你能计算出他一次吹出多少个泡泡吗？

121 表格填数

找出下面表格中数字的规律，然后算出表格中问号处的数字。

2	9	6	24
6	7	5	47
3	7	5	26
5	6	3	?

122 相聚的日子

有 7 个年轻人，他们是好朋友，

每周都要到同一个餐厅吃饭，但是他们去餐厅的次数不同。

A 每天必去，B 隔一天去一次，C 每隔两天去一次，D 每隔三天去一次，E 每隔四天去一次，F 每隔五天才去一次，去餐厅次数最少的是 G，每隔六天才去一次。

昨天是 2 月 29 日，他们愉快地在餐厅碰面了，他们有说有笑，憧憬着下一次碰面时的情景。

请问，他们下一次在餐厅相聚是在什么时候？

123 剪方格

下面是一个 5×5 的方块图形，其中有两个小方块各缺一半，现在整个图形的面积相当于 24 个小方格的面积。

你能将这个图形剪成两片，然后拼成一个 4×6 的方格吗？

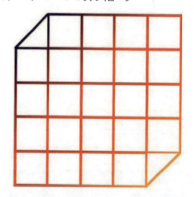

124 装棋子

汤姆对别人说："我能将 100 枚围棋子装在 15 只塑料杯子里，每只杯子里的棋子数目都不相同。"你认为汤姆能办到吗？

125 能否及格

某人参加一项考试，考题是三十道三选一的选择题，每题一分。只要答对十五题以上就能及格。

按照几率来说，随便答也能答对十道题，也就是所有题目的三分之一，而这个人有把握答对其中的六道题。

这人想这样起码可以及格。请问他的想法正确吗？

126 数字矩阵

在下面的方格填入 0～9 十个数字（数字可以重复填入），使每个横行、竖行、斜行的数字之和等于已经给出的数字。

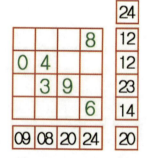

127 数字幻方

请把数字 1～10 填入下面的圆圈中，使每条直线上的数字之和都是 30。

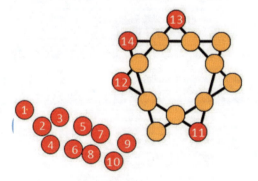

128 圆形幻方

四个圆相交，每个焦点上都有一个数字，请把下面的 5 个数字填入图中，使每个圆上的数字之和都为 39。

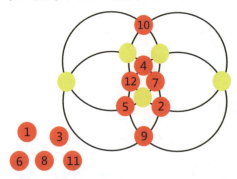

129 数独游戏（一）

					6			3
		7						
8	1							
	6	3		1				2
4	5		3	9	2	1	8	6
	8			7	5	9		4
3	9	4	5	8	7		2	1
	7	6	9	2			4	5
		8	1	6		3		9

130 数独游戏（二）

			5	9		8		
		1	6				2	
		4			9		5	
	2			1				
	7							
6	5							
		8						
		7		1				

131 数独游戏（三）

	9							
				1	5			
	6	8						3
4								
				7	2	4		
	3		8					
2						5		
		6		9				
1					7			

132 数独游戏（四）

	7	5			9			
			8		1			
	9				3	2	5	
	8		5					
		3			5	6		
1		5		4				
5	8	3					4	
9			1					
	6				4			3

133 数独游戏（五）

5				3				
	1					7		
			4					
		8				1	2	
		4						
		1						
								6
	2				3			4
8		7	9					

Chapter 05

第五篇
缜密分析——逻辑大转盘

　　"无规矩不成方圆"，不仅人们的行动需要规矩的指导，人类的思维同样需要一定的规矩，那就是逻辑。卓越的逻辑思维需要以快捷的反应、敏锐的思考分析为基础，从而迅速地掌握问题的核心，在最短的时间内作出合理的判断，提升逻辑思维能力可以帮助你更快地走向成功。现在，就从逻辑思维游戏出发，冲破思维禁锢，让你的大脑活跃起来吧！

01 生门和死门

有一个人面前有两扇门，一扇是生门，另一扇是死门，两扇门都有一个人看守，在两个守门人中，有一个只说真话，有一个只说假话。守门人都知道哪一扇门是生门，哪一扇门是死门，但是这个人却不知道。同时，这个人也不知道两个守门人谁会说真话谁会说假话，更不知道他们守的是哪扇门。

这个人想要通过生门，如果允许他问其中一个守门人一个问题，那么他该如何问才能知道哪个是生门呢？

02 谁离得更近

有一个人从甲地骑自行车到乙地去，而另一个人开车从乙地驶往甲地。在路上，他们相遇了。

请问：这个时候谁离甲地更近？

03 办公室里的人数

有两个相邻的办公室，甲办公室里有 6 名职工，那么，乙办公室里可能比甲办公室多 7 名职工还是少 7 名职工？

04 10 顶帽子

下面有 10 顶帽子排成一排，现在移动帽子，隔两个可以套在另一顶帽子上，每顶帽子上只能套一顶。

你能按照这个规则，把这 10 顶帽子变成 5 份两个套在一起的帽子吗？

05 六人站队

甲、乙、丙、丁、戊、己六个人排成一排进行训练。己没有排在最后，而且他和最后一个人之间还有两个人；戊不是最后一个人；在甲的前面至少还有四个人，但他没有排到最后；丁没有排在第一位，但他前后至少都有两个人；丙没有排在最前面，也没有排在最后。他们六个人的顺序是怎样的呢？

06 分袜子

两个盲人一起到商店买袜子。每人各买了一双黑的、一双蓝的，当时都放在了一起。虽然他们眼睛看不见，但在分手时每人仍然得到了一双黑的、一双蓝的袜子。

已知两个人的脚码和买的袜子都是一样的。想想看，他们是怎样分的？

07 奇怪的比赛

有时候，在一些娱乐节目上会有很奇怪的比赛。现在正在进行一场划火柴比赛，参加比赛的甲、乙二人每个人各拿 100 根火柴开始比赛，甲一秒钟可以划 1 根，乙两秒钟可以划 3 根。

那么，当甲划到第 93 根的时候，乙已经划了多少根？

08 分蘑菇

两只小白兔 A 和 B 到森林里捡蘑菇。很快它们就捡了一大堆蘑菇。但是在分蘑菇的时候，兔子 A 和 B 争吵了起来，因为它们想将蘑菇平均分成两份，但是又不想让对方来分。于是，它们就找到了森林中最聪明的老猴子，让它来想一个办法。

很快老猴子想出了一个好主意，最后兔子 A 和 B 都拿着自己的蘑菇，高兴地回去了。

你知道老猴子给它们出的是什么主意吗？

09 座位

甲的左边是乙，乙的左边是丙，丙的左边是丁。请问：丁在甲的哪一边？

10 半箱苹果

往一个箱子里放苹果，假定箱子里的苹果数目每分钟增加一倍，一小时后，箱子满了。

请问：在什么时候是半箱苹果？

11 哪天出门

某国有一个小城镇，城镇里只有一家便利店、一家打折商场和一家邮局。每星期中只有一天它们全部开门营业。

1. 每星期这三家单位各开门营业 4 天。

2. 三家单位没有一家连续 3 天开门营业。

3. 星期天这三家单位都停止营业。

4. 在连续的六天中：第一天，打折商场停止营业；第二天，便利店停止营业；第三天，邮局停止营业；第四天，便利店停止营业；第五天，打折商场停止营业；第六天，邮局停止营业。

有一个人第一次来到这个城镇，他想在一天之内去便利店买东西，又要到打折商场去买衣服，还要去邮局寄信。请问：他该选择星期几出门呢？

12 小狗的数量

两只小狗前面有两只小狗，两只小狗后面有两只小狗，两只小狗中间有两只小狗，请问：共有几只小狗？

13 什么颜色

根据下图中的逻辑，最后一个字母"Z"应该是红色还是黄色？

A	B	C	D	E
J	I	H	G	F
K	L	M	N	O
T	S	R	Q	P
U	V	W	X	Y

Z

14 商品销售额

某商场出售五种大型商品：甲、乙、丙、丁、戊。它们的年销售额之间的关系为：丙没有丁高，甲没有乙高，戊比丁高，乙没有丙高。

请问：哪种商品的年销售额最高？

A. 甲　B. 乙　C. 丁　D. 戊

15 爱撒谎的一家人

有一家人特别爱撒谎。这天中午吃饭，爷爷先在圆形的餐桌前坐了下来，问其他四个人要怎么坐。没想到他们连这个也要说谎。

妈妈："我坐女儿旁边。"

爸爸："我坐儿子旁边。"

女儿："妈妈是在弟弟的左边。"

儿子："那我右边是妈妈或姐姐。"

他们一家人到底是怎么坐的？

16 三个邻居

甲、乙、丙三人是邻居，他们分别是工程师、部门经理和艺术家。三个人中，艺术家是独生子女，他的工资最少；丙是甲的妹妹的男朋友，他挣的钱比部门经理多。依据这些，你能判断三个人分别是什么职务吗？

17 伪证

一个案件正在审理中，证人说，当时他及时把一封非常重要的信件夹在一本书的 213 页和 214 页之间，才得以幸存，这种说法合情合理，但是对方律师很快就指出他做的是伪证。

请问：你知道原因是什么吗？

18 野炊分工

四位同学去野炊，他们一个在烧水，一个在洗菜，一个在淘米，一个在担水。现在知道：甲同学不担水也不淘米；乙同学不洗菜也不担水；如果甲同学不洗菜，那么丙同学就不担水；丁同学既不担水也不淘米。

你知道他们各自在做什么吗？

19 方格中的水果

请将 cherry、apple，orange、peach、banana、pear、grape、lemon 等水果的名称填入下面的方格中。

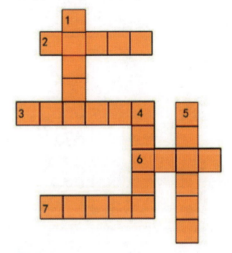

20 消失的一元钱

三个人去住旅馆，住三间房，每一间房 10 元，于是他们一共付给老板 30 元。

第二天，老板觉得三间房只需要 25 元就够了，于是叫服务员退回 5 元给三位客人，谁知服务员贪心，只退回每人 1 元，自己偷偷拿了 2 元。

这样一来便等于那三位客人每人各花了 9 元，于是三个人一共花了 27 元，再加上服务员独吞的 2 元，总共是 29 元。可是当初他们三个人一共付了 30 元，那么还有 1 元在哪呢？

21 事实

如果"鱼和熊掌不可兼得"是不

可改变的事实，那么，下面的选项哪一个也一定是事实？

    A. 如果鱼不可得，那么熊掌可得。

    B. 如果鱼可得，那么熊掌不可得。

    C. 熊掌可得但鱼不可得。

    D. 鱼可得但熊掌不可得。

22 地理考试

地理试卷上画了五大洲的轮廓，每个轮廓都被标上了序号，要求填出其中任意两个洲的名称。

甲填：3 是欧洲，2 是美洲。

乙填：4 是亚洲，2 是大洋洲。

丙填：1 是亚洲，5 是非洲。

丁填：4 是非洲，3 是大洋洲。

戊填：2 是欧洲，5 是美洲。

结果是他们每人都只填对了一半。

那么，你知道 1~5 分别都是哪个大洲吗？

23 证明谚语

我们常说："福无双至，祸不单行。"这句话在现实生活中经常发生。如果你有 5 副手套，一不小心丢了两只，最好的情况是丢的两只是同一副的，那么你还有 4 副手套；最坏的情况就是它们不是一副的，那么，你只剩下 3 副手套。

你能用计算几率的方法证明谚语的正确性吗？

24 公平与否

两个孩子都拿出相同数量的零用钱买点心吃。吃完后，甲对乙说："这些点心每个都是 1 元钱，而你一共比我多吃了两个，你再给我两元钱就公平了。"乙想了想觉得这样做很公平，就同意了。

聪明的朋友，你怎么认为呢？

25 如何提问

有甲、乙两人，其中，甲只说假话，而不说真话；乙则只说真话，不说假话。但是，他们两个人在回答别人的问题时，只通过点头与摇头来表示，不讲话。

有一天，一个过路的人面对两条路：A 与 B，其中一条路上有旅馆，而另一条路上没有旅馆。这时，他面前站着甲与乙两人，但他不知道哪个人是甲哪个人是乙，也不知道"点头"是表示"是"，还是表示"否"。

现在，这个人必须问一个问题，才可能断定出哪条路上有旅馆。那么，这个问题该怎么问呢？

26 哪个是错的

有一个正方体，它 6 个面的颜色都不相同，并且只能是红、黄、蓝、绿、黑、白六种颜色。如果它每个面的颜色还满足以下条件：

1. 红的对面是黑色；

2. 蓝色和白色相邻；

3. 黄色和蓝色相邻。

那么，下面结论错误的是：

A. 红色与蓝色相邻；

B. 蓝色的对面是绿色；

C. 白色与黄色相邻；

D. 黑色与绿色相邻。

27 餐厅里的人

小区里的 10 户人家在某个酒店里面共进午餐，这 10 对和睦相处的夫妇一开始的时候只是在客厅里面不停地喝着开胃酒，之后，20 个人一个接一个地走进了餐厅里面。

请问，最少需要几个人走入餐厅之后，才可以使他们中间：至少有一对夫妻；至少有两个人是同一性别。

28 绝处逢生

一个犯人将要被执行死刑。行刑官对死刑犯说："你知道我将怎样处决你吗？猜对了，我可以让你死得好受些，给你吃个枪子。要是你猜错了，那就对不起了，请你尝尝上绞刑架的滋味。"行刑官想："反正我说了算，说你对你就对，说你错你就错"。

没想到由于死刑犯聪明的回答，使得行刑官无法对他执行死刑，这个死刑犯绝处逢生。

请问：这个死刑犯是怎样回答的呢？

29 参加聚会的人数

聚会的时候，大家戴的不是红手套就是白手套，在戴红手套的人看来，戴红手套的和白手套的人一样多。

在戴白手套的人看来，戴红手套的人是戴白手套的人的 2 倍。那么共有多少人参加聚会？

30 学生的编号

某个学校自建校之初就有一个不成文的规定：为每个学生编号，设定末尾用 1 表示男生，用 2 表示女生；199713321 表示 "1997 年入学的一年级三班的 32 号同学，该同学是男生"。

那么，201332012 表示的学生是哪一年入学的？几年级几班的？学号是多少？是男生还是女生？

31 谁点了牛排

四个人到一家西餐厅用餐，他们选了圆桌，依 A、B、C、D 的顺序坐下。看过菜单后，彼此继续点了主菜、汤及饮料。

在主菜方面，孙先生点了一份鸡排，代先生点了一份羊排，而坐在 B 的人则点了一份猪排。点汤方面，崔先生及坐在 B 的人都点了玉米浓汤，孙先生点了洋葱汤，另一人则点了罗宋汤。至于饮料方面，崔先生点了热红茶，孙先生和代先生点了冰咖啡，而另一个人则点了果汁。

当大伙儿点完之后发现：邻座的人都点了不一样的东西。如果孙先生是坐在 A 的位置，试问，坐在哪里的先生点了牛排？

32 石碑

某村有 4 个石匠，他们总是要在自己刻成的石器上面刻字。但是，甲、乙一向刻真话，而丙、丁一向刻假话。

村口有一个大石碑，在石碑的下面刻着："此碑非乙所做。"那么，这个石碑是谁刻的？

33 商店货架

有一家商店，一共有六排货架。

洗衣粉不在第一排货架，但是洗衣粉的货架紧挨着奶类货架；

罐头货架在奶类货架前面的第二排；

肉类货架在面包货架的前面，又在水果货架后面的第四排。

那么，这六排货架都放了什么呢？

34 一对孪生姐妹

一对孪生姐妹，妹妹今日刚好过第四个生日，姐姐在昨天才过第一个生日，这是怎么一回事呢？

35 8 户人家

一幢四层楼的新工房建好了，搬来了 8 户人家，他们的姓分别是赵、钱、孙、李、周、吴、郑和王。

有一天，快递员第一次到这里送快递。看门的保安故意逗快递员说："姓王的住在姓钱的楼上、姓赵的楼下，而姓孙的又住在姓周的楼上。姓赵、吴、周和李的 4 户人家，因家里人口多，住在右半幢面积较大的房间里。姓李和姓钱的同住一层楼。姓吴的住在姓周的楼上。"

快递员听了以后，思考了一会儿，

很快把快件准确无误地分送到各家。你能猜到这 8 户人家的住房是怎样安排的吗？

36 四个杯子

桌子上有四个杯子，每个杯子上写着一句话。

第一个杯子上写着："所有的杯子中都有水果糖"；

第二个杯子上写着："本杯中有苹果"；

第三个杯子上写着："本杯中没有巧克力"；

第四个杯子上写着："有些杯子中没有水果糖"。

如果其中只有一句真话，那么下面的判断正确的是：

A．所有的杯子中都有水果糖；

B．所有的杯子中都没有水果糖；

C．有些杯子中没有水果糖；

D．第三个杯子中有巧克力；

E．第二个杯子中有苹果。

37 居民的数量

在 A 城，假设以下关于该城居民的断定都是事实：

（1）没有两个居民的头发的数量正好一样多；

（2）没有一个居民的头发正好是518 根；

（3）居民的总数比任何一个居民头上的头发的总数要多。

那么，A 城居民的总数最多不可能超过多少人？

38　方格

在方格里有四个笑脸，现在要求在这四个笑脸所在的横、竖、斜三个方向上不能同时有两个笑脸。如下图中所示，因为虚线所示的斜线上有两个笑脸，所以不能算是合格。

你有什么办法满足要求吗？

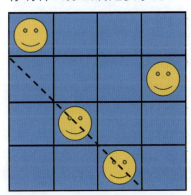

39　五个人的关系

A、B、C、D、E 聚在一起开始谈论他们和其他人的关系，他们所谈论到的人，都在这五个人中间。

有四个人分别说：

B 是我父亲的兄弟；

E 是我的岳父；

C 是我女婿的兄弟；

A 是我兄弟的妻子。

那么，你知道那些话分别是谁说的吗？并且五人的关系又如何？

40　四个小球

用天平称四个小球。天平的一边放上甲、乙，另一边放上丙、丁时，天平保持平衡；将乙和丁互换位置，放乙、丙的一边低于甲、丁一边；天平的一边放上甲、丙，另一边刚放上乙，天平就压到了放乙的一边。

请给这四个小球的重量排序。

41　巧分家产

从前，有个很有钱的人家。正当全家为新的小生命即将降临而欢喜之际，丈夫突然得了不治之症。临终前留下遗嘱："如果生的是男孩，妻子和儿子各分家产的一半。如果是女孩，女孩分得家产的三分之一，其余归妻子。"

丈夫死后不久，妻子就临产了。出乎意料的是，妻子生下一男一女双胞胎！这下妻子为难了：这笔财产该怎样分呢？

42　戊队的成绩

5 支球队进行篮球比赛，每队互赛一场进行循环赛。比赛结果如下：

甲队：2 胜 2 败。

乙队：0 胜 4 败。

丙队：1 胜 3 败。

丁队：4 胜 0 败。

那么，戊队的成绩如何？

43 点菜

布雷、詹姆斯和卡尔三人经常结伴去餐厅用餐，他们每人点的菜不是香肠就是牛排。已知下列情况：

（1）如果布雷要的是香肠，那么詹姆斯要的就是牛排；

（2）布雷或卡尔要的是香肠，但是不会两个人都要香肠；

（3）詹姆斯和卡尔不会两人都要牛排。

那么，你知道谁昨天要的是香肠，今天要的是牛排吗？

44 谁是茜茜的哥哥

茜茜的哥哥有四个好朋友，他们五个人中要么是工程师，要么是教师，而且有三个人的年龄小于 25 岁，两个人的年龄大于 25 岁。

如果知道：

（1）五个人中有两个人是工程师，有三个人是老师；

（2）甲和丙是同一年出生的，丁和戊的年龄的平均数正好是 25；

（3）乙和戊的职业相同，丙和丁的职业不同；

（4）茜茜的哥哥是一位年龄大于 25 岁的工程师。

你知道谁是茜茜的哥哥吗？

45 划拳比赛

两个好朋友在一起划拳，谁输了就要喝酒，他们用的是简单的石头剪刀布，所以总是出现两个人同时出一样的动作的情况。

甲对乙说："我们变换一下规则吧，我们只出石头和剪刀吧，再出现相同的动作，如果两个都是石头，就算我赢；如果两个都是剪刀，就算你赢，这样很公平吧。"

乙同意了，于是开始新的一轮划拳，划了 12 次拳，乙赢的可能性有多大？

46 死亡原因

警方接到报案，连忙赶到死者家中，经过现场勘查，证实死者已经身亡。警方逮捕了甲、乙、丙三名犯罪嫌疑人，并对他们进行审讯。

甲回答："如果这是谋杀，那么，一定是乙干的。"

乙回答："如果这是谋杀，那可不是我干的。"

丙回答："如果这不是谋杀，一定是自杀。"

警方了解到：如果这些人中只有一个人在说谎，就表明死者是自杀的。

那么，死者究竟是自杀还是他杀，或者是死于意外？

47 汽车的品牌

吉米、瑞恩、汤姆斯刚新买了汽车，

汽车的牌子分别是奔驰、本田和皇冠。他们一起来到朋友杰克家里，让杰克猜猜他们三人各买的是什么牌子的车。

杰克猜道："吉米买的是奔驰车，汤姆斯买的肯定不是皇冠车，瑞恩自然不会是奔驰车。"

很可惜，杰克的这种猜测，只有一种是正确的，你知道他们各自买了什么牌子的车吗？

48 商场失窃案

某大型商场失窃，大量的商品在夜间被罪犯用汽车运走。三个嫌疑犯被警察局传讯。警察局已经掌握了以下事实：

（1）罪犯不在 ABC 三人之外；

（2）C 作案时总得有 A 作从犯；

（3）B 不会开车。

那么，A 是否卷入了此案？

49 人和魔鬼

有一个地方的人分为四类：正常人、神志不清的人、正常的魔鬼、神志不清的魔鬼。正常人都说真话，神志不清的人都说假话；对魔鬼来说，正常的都说假话，神志不清的却说真话。

现在要你问一个问题就能确定回答者到底是人还是魔鬼，你能做到吗？

50 运动员的年龄

有甲、乙、丙三名运动员，他们分别是羽毛球运动员、篮球运动员、乒乓球运动员。他们的年龄分别是 17 岁、19 岁、21 岁。已知：

（1）甲比篮球运动员大 4 岁。

（2）丙是乒乓球运动员。

根据上述条件，这三名运动员各自从事什么项目，年龄分别是多少？

51 谁是扒手

警察正在讯问公共汽车上的一桩盗窃案的嫌疑人甲、乙、丙、丁，笔录如下：

甲说："反正不是我干的。"

乙说："是丁干的。"

丙说："是乙干的。"

丁说："乙在诬陷我。"

他们当中有三个人说的是真话，扒手只有一个，那么这个扒手是谁呢？

52 猜姓名

有四个人，他们的姓名非常有趣，都是由"宁、江、林、周"中的两个字组成的。

甲的名是乙的姓，乙的名是丙的姓，丙的名又是丁的姓，丁的名则是甲的姓。

另外还知道，名周的不姓林；姓宁的名是另外一个人的姓，而这个人的名又是名江的人的姓。

请问：这四个人的姓名分别是什么？

53 商场购物

4 个同学一起去商场，他们每个

人买了一样东西，分别是：一个随身听，一双鞋，一条裤子，一件上衣。这4件商品正好是在同一个商场的四层中分别购买的。已经知道：

甲去了一楼；

随身听在四楼出售；

乙买了一双鞋；

丙在二楼购物；

甲没有买上衣。

那么，你能判断他们分别在几楼买了什么东西吗？

54 说谎的猴子

有甲、乙、丙、丁四只猴子，年龄从1~4岁各不相同。它们中有两只说话了，无论谁说话，如果说的是关于比它大的猴子的话都是假话，如果说的是关于比它小的猴子的话都是真话。猴子甲说："猴子乙3岁。"猴子丙说："猴子甲不是1岁。"

你知道这四只猴子分别是几岁吗？

55 一条新裙子

红红买了一条新裙子，她的同事都没有见过这条裙子，于是大家就猜。

玲玲说："你买的裙子不会是红色的。"

小彤说："你买的裙子不是黄色就是黑色的。"

珊珊说："你买的裙子一定是黑色的。"

这三个人的看法至少有一种是正确的，至少有一种是错误的。请问：红红的裙子到底是什么颜色的？

56 谁捡到了钱包

A、B、C、D四个同学上学时捡到一个钱包，交给了老师。可谁都不说是自己捡的。老师对他们进行询问。

A说："是C捡的。"C说："A说的与事实不符。"B说："不是我捡的。"D说："是A捡的。"

现在已知他们中间有一人说的是真话。你能判断出谁是捡钱包的人吗？

57 如何获胜

有一个有趣的游戏：盒子里有一枚1元的硬币和15枚1角的硬币，要求两个人分别拿，最后拿到一元硬币的人就算是输了，需要付给对方一部分钱。但是在拿硬币的时候有规定：一次拿的数量不能超过三个硬币。

请问：如果是你在参与游戏的话，要用什么方法才能使自己不最后拿到一元的硬币呢？

58 三个房间

小涛和他的两个兄弟住在三个互不相通的房间里，每个房间门上都有两把钥匙。

请问：如何安排房间的钥匙才能保证小涛三兄弟随时能进入每个房间？

59 英语六级

学校要统计一下通过英语六级的人数。中文专业共有 32 名学生，经统计，可以有下面 3 个判断：

中文专业有些学生通过了英语六级；

中文专业有些学生没有通过英语六级；

中文专业的班长没有通过英语六级。

如果只有一个判断是正确的，那么你可以判断出什么？

60 四瓶饮品

有四个瓶子，里面分别装有绿茶、果汁、可乐、红茶，但是装有红茶的瓶子上的标签是假的，其他瓶子上的标签是真的。你能根据下面的提示，判断出每个瓶子里分别装的是什么东西吗？

甲瓶子上的标签是："乙瓶子里装的是绿茶。"

乙瓶子上的标签是："丙瓶子里装的不是绿茶。"

丙瓶子上的标签是："丁瓶子里装的全是可乐。"

丁瓶子上的标签是："这个标签是最后贴上的。"

61 足球比赛

公元 250 年，国际足联为了鼓励足球比赛中球员进更多的球，实行了新的竞赛规则，即赢一场球得 10 分，

平局各得 5 分，不论输赢踢进一球即得 1 分。

在一次实行循环制的国际足球邀请赛中，几场比赛过后各队的得分如下：日本队 3 分，意大利队 7 分，巴西队 21 分。

请问：每场比赛的比分是多少？

62 旅游指导

有 4 个中国留学生去德国留学，他们在一个通行很多种语言的城市游玩。其中，学生甲会德语和法语；学生乙会罗马尼亚语和日语；学生丙会德语和意大利语；学生丁会拉丁语和西班牙语。

路边有一个用法语写的旅游指导牌子，学生甲看了之后，用德语把内容讲解给丙听。

那么，甲和丙怎样才能把牌子上面的内容讲解给另外的人呢？

63 几件衣服

南美某原始部落的男人们都穿着一种缠腰布式的服装。假设部落的男人只能在每个星期一的晚上把脏衣服

送到城里洗衣店去洗，且同时将干净衣服取回。

请问：每个男人至少有几件衣服才能保证他们每天都有干净的衣服穿？

64 谁做对了

甲、乙、丙三个人在一起做作业，有一道物理题比较难，当他们三人把自己的解法说出来以后：

甲说："我做错了。"

乙说："甲做对了。"

丙说："我做错了。"

旁边的丁看了他们的答案并听了他们的意见后说："你们三人中有一个人做对了，有一个人说对了。"

请问：他们三人谁做对了呢？

65 大圆和小圆

有两个圆环，小圆环的直径为2，大圆环的直径为4，如果小圆环在大圆环内部绕大圆环转一周，请问小圆环自身转了几周？如果小圆环在大圆环外部绕大圆环转一周，小圆环自身又要转几周呢？

66 哪天结婚

一对情侣即将步入婚姻的殿堂，有人问那个男士星期几结婚，男士回答说："那个日子的后天是'今天'的昨天，那个日子的前天是'今天'的明天，这两个'今天'距离那个日子的天数相等，我们就在那个日子结婚。"

请问：你能确定这对情侣会在星期几结婚吗？

67 血缘关系

甲、乙和丙之间有血缘关系，而且他们之间没有违背道德伦理的问题。现在只知道他们当中有甲的父亲、乙唯一的女儿和丙的同胞手足。但是丙的同胞手足既不是甲的父亲也不是乙的女儿。你知道他们当中哪一位与其他两人性别不同吗？

68 谁吃了蛋糕

餐桌上放着一块奶油蛋糕，结果出去一趟回来，蛋糕不见了。问了在场的三个人，得到了下面的回答：

甲："我吃了，蛋糕非常好吃！"

乙："我看到甲在吃，我也想吃。"

丙："总而言之，我和乙都没有吃。"

假设这里面只有一个人在说谎，请问：究竟是谁吃了蛋糕？

69 最大的钻石

从一楼到十楼的每层电梯口都放着一颗钻石，钻石大小不一。琼斯乘坐电梯从一楼到十楼，每层楼电梯门都会打开一次，只能拿一颗钻石。请问：琼斯怎样才能拿到最大的钻石？

70 什么时候聚会

三个人在一个单位上班，于是想商量一下什么时候出去聚会一次。但是，三个人个性不同，所以观念也不一样。

甲说："我晴天和阴天是可以聚会的，但是雨天是绝对不会出去的。"

乙说："我晴天和雨天是可以聚会的，但是阴天有事情要做。"

丙说："雨天聚会的话，我是可以参加的，但是阴天我是不会去的。"

请问：他们有时间可以聚到一起吗？

71 五个小学生

有 5 个小学生，在一起讨论谁更遵守纪律时说了下面这些话。

小可说："我上课从来不睡觉。"

小新说："小可撒谎了。"

小彤说："我考试时从来不作弊。"

丁丁说："小彤在撒谎。"

小淘说："小彤和丁丁都在撒谎。"

你知道他们中有几个人撒了谎吗？

72 绅士与小人

有一个地方只有两种人：一种是绅士，只讲真话；一种是小人，只讲假话。如果你到了这个地方遇到了甲乙两个人，甲告诉你："或者我是小人，或者乙是绅士。"你能由此判断甲和乙分别是哪种人吗？

73 三枚钱币

桌子上有三枚钱币，一枚金币，一枚银币，一枚铜币。如果你说一个真的句子，你就可以得到金币；如果你说了一句谎话，你就什么也得不到。

那么，你要说一句什么话才可以得到金币呢？

74 真理、谎言和智慧

有三位美女，她们的名字分别是真理（总是说真话），谎言（总是说假话）和智慧（有时说假话）。三个人有以下对话：

黑发美女说："我不是真理。"

茶发美女说："我不是智慧。"

金发美女说："我不是谎言。"

请问：她们三个到底谁是谁呢？

75 各有所爱

在一次宴会上，大家聊着自己的爱好。第一个男士说："韩小姐喜欢保龄球。"第二个先生说："我喜欢篮球，但我不是赵先生。"第三位女士说："有一个男士喜欢足球，但不是王先生。"第四个女士说："孙小姐喜欢网球，但我不喜欢。"

你能判断出他们分别喜欢什么吗？

76 两姐妹

有姐妹二人，一个胖、一个瘦，

姐姐上午很老实，一到下午就说假话；妹妹则相反，上午说假话，下午却很老实。

有一天，一个人去看她俩，问："你们哪位是姐姐？"胖小姐回答说："我是。"而瘦小姐回答说："是我呀。"再问一句："现在几点钟了？"胖小姐说："快到中午了。"瘦小姐却说："中午已经过去了。"

请问：当时是上午还是下午？哪个是姐姐呢？

77 运动会

学校组织运动会，有 4 个径赛项目：100 米、200 米、400 米和 800 米。某班有三名男生李华、小伟、丁宝和三名女生童童、小莹、珍珍参加。

运动会有两个规定：

（1）每个项目必须男女同时参加或同时不参加；

（2）每人只能参加一个项目。

如果李华参加的是 100 米或 200 米，丁宝参加的是 400 米，童童参加的是 800 米，则以下哪项一定为真？

A．小伟参加的是 800 米。

B．李华参加的是 100 米。

C．小莹参加的是 200 米。

D．珍珍参加的是 400 米。

E．李华参加的是 200 米。

78 皮球装箱

杰克逊经营一家皮球商店，每天到他店里提货的人特别多，顾客只要一说出需要多少只皮球，只要数目不是太大，他不需要一只只地数，就能立刻从货架上取出几个已经包装好的纸箱交给顾客，从来没有出过差错。

那么，他是如何将皮球装箱的呢？

79 三人站队

有三个人站成一队，Bob 在 Alan 前面，且紧挨着 Alan，Alan 在 Haley 的后面，且紧挨着 Haley，你知道他们是怎么站的吗？

80 赛跑名次

赛跑结束后，公布成绩。知道甲、乙不是第一名，也不是最后一名，丙在甲后面一名，丁不是第二名，戊在丁后两名。那么，你知道这五人的名次各是多少吗？

81 寻找钥匙

有三个抽屉，而开启宝盒的钥匙就在其中一个抽屉里。三个抽屉上各贴了一张纸条。

（1）左面抽屉的纸条上写着：钥匙在这里。

（2）中间抽屉的纸条上写着：钥匙不在这里。

（3）右面抽屉的纸条上写着：钥匙不在左右抽屉里。

三张纸条只有一句是真话，另外

两句是假话。你能只打开一个抽屉就取出钥匙，开启宝盒吗？

82 四种蔬菜

甘蓝的营养比菠菜高，绿芥蓝的营养比莴苣高。以下各项不能推出甘蓝的营养比莴苣高的是：

A．甘蓝的营养比绿芥蓝高；

B．菠菜的营养与莴苣相同；

C．菠菜的营养比绿芥蓝高；

D．绿芥蓝的营养高于菠菜。

83 兄妹关系

小张、小李、小王三个人住在一个宿舍。说来也巧，他们三人每人都是只有一个妹妹，并且都比自己妹妹大 11 岁。三个妹妹名叫小瑞、小丽和小梅，已知小张比小瑞大 9 岁，小张与小丽年龄之和是 52，小李与小丽年龄之和是 54。

请问：他们分别谁和谁是兄妹？

84 合理安排

有一次，小明的妈妈安排小明给客人烧水沏茶。洗开水壶并冲水要 2 分钟，烧开水要用 12 分钟，洗茶壶要用 2 分钟，洗茶杯要用 3 分钟，拿茶叶要用 2 分钟。小明估算了一下，

要完成这些工作需要花 21 分钟。为了让客人早点喝上茶，按最合理的安排，多少分钟就能沏茶？

85 竞赛排名

张、李、赵、丁、周、方、王、胡八人参加了赛跑比赛。

比赛结果是：（1）李、赵、丁三人中，李最快，丁最慢，但丁不是第八名；（2）方的名次是张、赵名次的平均数；（3）方比周高四个名次；（4）王是第四名；（5）赵比张跑得慢。

请排出这八个人的名次。

86 七兄妹

有这样一个家庭，其成员只有甲、乙、丙、丁、戊、己、庚兄弟姐妹 7 人。

在这 7 人中，只知道：

①甲有 3 个妹妹；

②乙有 1 个哥哥；

③丙是女的，她有 2 个妹妹；

④丁有 2 个弟弟；

⑤戊有 2 个姐姐；

⑥己是女的，她和庚都没有妹妹。

请问：你能根据以上这些条件判断出这个家庭中有几男几女，以及谁是男、谁是女吗？

87 字母与数字

下面是关于字母 A、B、C、D 和数字 1、2、3、4 之间的陈述。

在这些已知条件的帮助下，看看你能不能理清它们之间的关系，确定哪个字母代表哪个数字。

如果 A 是 1，那么 B 一定不是 3；

如果 B 不是 1,那么 D 一定是 4;

如果 B 是 1,那么 C 一定是 4;

如果 C 是 3,那么 D 一定不是 2;

如果 C 不是 2,那么 D 就是 2;

如果 D 是 3,那么 A 一定不是 4。

88 九人游戏

有九个人一起去游玩,这九个人中有三个成年妇女张、王、李,两个成年男人赵、郑和四个孩子帆、林、波、峰。

在游玩时,总共有九个座位,但这九个座位分别放在娱乐场的三个不同的位置,三个座位一组互相毗邻。为了保证游玩的质量,九个人必须根据以下条件分为三组。

(1)性别相同的成年人不能在一组;

(2)帆不能在张那一组;

(3)林必须同王或赵同组,或者同时与王、赵同组。

问题:

(1)如果张是某组的唯一的大人,那么她所在组的其他两个成员必须是:

A. 帆和林;

B. 帆和波;

C. 林和波;

D. 林和峰;

E. 波和峰。

(2)如果张和赵是第一组的两个成员,那么谁将分别在第二组和第三组?

A. 王、李、帆;郑、波,峰;

B. 王、帆、峰;李、郑、林;

C. 王、林、波;李、帆、峰;

D. 李、郑、帆;王、波、峰;

E. 帆、林、波;王、郑、峰。

(3)下列哪两个人能与帆同一组?

A. 张和波;

B. 王和赵;

C. 王和郑;

D. 赵和郑;

E. 林和峰。

(4)下列哪一个判断一定是对的?

A. 有一个成年妇女跟两个孩子同一组;

B. 有一个成年男人跟帆同一组;

C. 张和一个成年男人同组;

D. 李那一组只有一个孩子;

E. 有一个组没有孩子。

(5)如果李、波和峰同一组,那么下列哪些人是另一组成员?

A. 张、王、郑;

B. 张、赵、帆;

C. 王、赵、帆;

D. 王、郑、帆;

E. 赵、郑、林。

Chapter 06

第六篇
神机妙算——推理益智园

　　所谓推理思维能力是指由一个或几个已知的前提，推导出一个未知结论的过程。推理游戏不仅能够活跃大脑思维，挑战智慧，还能拓展想象空间，提高你的逻辑思维能力，帮助你更清楚地预见事物发展的方向，帮助你获得更大成功。现在，就从这些推理游戏开始努力发掘你的大脑潜力吧！

哈佛优等生最爱做的

全脑思维

游戏（插图金版）

01 最后一枪

有一个富翁在窗前被凶手射杀了。子弹穿过玻璃打死了富翁，玻璃窗上留下了4个弹孔。侦探经过侦查，发现最后一枪才是致命枪。

从下图中，你能将最后一枪留下的弹孔找出来吗？

02 猜省份

几个同学在一起研究地图。其中一个同学在地图上的五个地方分别标上了序号A、B、C、D、E，让其他同学说出他所标的地方都是哪些省份。

甲说：B是陕西省，E是甘肃省；乙说：B是湖北省，D是山东省；丙说：A是山东省，E是吉林省；丁说：C是湖北省，D是吉林省；戊说：B是甘肃省，C是陕西省。

已知这五个人中，每个人只说对了一个省，并且每个编号只有一个人答对。

你知道A、B、C、D、E分别代表哪几个省份吗？

03 氰酸钾中毒

某天的早晨，一个富翁被发现死在自己别墅的车库里，死因是氰酸钾中毒。他是在准备出车库时，吸入剧毒气体致死的。

可是，案发当天周围既没有人接近过车库，现场也没发现有任何可能产生氰酸钾的药品和容器。

那么，罪犯究竟是用了什么手段将富翁毒死的呢？

调查这一案件的侦探发现，车库中汽车的一个轮胎的气已经跑光，被压得扁扁的，于是他马上就识破了罪犯的作案手段。

04 案发时间

在作案现场，发现有一堆支离破碎的手表残物。

从中发现手表的长针和短针正指着某个刻度，而长针恰好比短针的位置超前一分钟。除此以外再也找不到更多的线索。可有人却从中想到了凶犯作案的时间。

请问：这个时间该是几点几分呢？

05 被枪杀的老人

一个深秋的早晨，杰克探长正漫步街头，突然传来一声枪响，他看到不远处一个老人跌向房门，慢慢倒了下去。杰克和街上仅有的两个人先后跑了过去。

到达现场，发现老人背部中弹，已经死去。杰克看到另外两个人都戴着手套，于是便问他们刚才在做什么。

第一个人说："我看见老人刚要锁门，枪一响，他应声倒下，我也就立刻跑了过来。"

第二个人说："我听到枪声不知道发生了什么事，看到你们两个往这边跑，我也就跟过来了。"

钥匙还插在房门的锁眼里，杰克打开门，走进房间，马上打电话报了警。

警察来后，杰克指着其中一个人说："把他拘留。"

请问：杰克要拘留的是谁？为什么？

06　一起谋杀案

汤姆、杰克、比尔三人，由于巴尼被谋杀而传讯。犯罪现场的证据表明，可能有一名医生参与了对巴尼的谋杀。这三人肯定有一人是谋杀者，每一名可疑对象所作的两条供词如下。

汤姆：（1）我不是医生；（2）我没有谋杀巴尼。

杰克：（3）我是医生；（4）但我没有谋杀巴尼。

比尔：（5）我不是医生；（6）有一个医生杀了巴尼。

警察发现：

（1）上述6条供词中只有两条是实话。

（2）这3个可疑对象中只有一个不是医生。

那么，到底谁是凶手？

07　谁是凶手

在海边的沙滩上，发生了一起离奇的命案，死者是某黑帮头子。本来像死者这样的人应该随时有保镖跟随，但是案发当日，死者想独自享受日光浴，于是就将保镖支走了，不想却出事了。

汤姆探长很快赶到了事发现场，他在审查现场环境的时候，发现死者是在沙滩上被太阳伞尖刺死的。

沙滩上除了保镖的足迹和那些东倒西歪的桌椅外，再也找不到别人的足迹，包括死者自己的。既然这样，凶手又是怎样逃走的呢？探长沉思了一会儿，忽然说道："我知道凶手是谁了。"

那么，究竟是谁杀死了黑帮头子呢？

08　年龄定身份

小刘、小李、小代三个人是好朋友，他们三人之中一个人下海经商，一个人考上了重点大学，一个人参军了。

此外还知道以下条件：

小代的年龄比士兵的大；

大学生的年龄比小李小；

小刘的年龄和大学生的年龄不一样。

请推出三个人中谁是商人？谁是大学生？谁是士兵？

09 被哪所大学录取

李彤、王涛、赵康三人被清华大学、北京大学和复旦大学录取，但不知道他们各自究竟是被哪个大学录取了，有人做了以下猜测：

甲：李彤被北京大学录取，赵康被复旦大学录取；

乙：李彤被复旦大学录取，王涛被北京大学录取；

丙：李彤被清华大学录取，赵康被北京大学录取。

他们每个人都只猜对了一半。

李彤、王涛、赵康三人究竟是被哪个大学录取了？

10 选侦察员

要从代号为 A、B、C、D、E、F 的六个侦察员中挑选若干人去破案，人选的配备要求必须注意下列各点：

A、B 两人中至少去一人；

A、D 不能一起去；

A、E、F 三人中要派两人去；

B、C 两人都去或都不去；

C、D 两人中去一人；

若 D 不去，则 E 也不去。

那么，你知道都有谁去了吗？

11 无罪释放

警方抓了 5 个犯罪嫌疑人，对他们的谈话做了记录。

A 说："5 个人中有 1 人说谎。"

B 说："5 个人中有 2 人说谎。"

C 说："5 个人中有 3 人说谎。"

D 说："5 个人中有 4 人说谎。"

E 说："5 个人都在说谎。"

最后警方释放了说真话的人，你知道释放了多少人吗？

12 寻找凶手

一个杂货店的老板被谋杀了，探长第一时间赶到，现场有三个人：买东西的顾客惊慌失措，油店的老板满脸诧异，伙计面无血色。只见案发现场的地上还有一串数字：550971051。

你知道在现场的三个人谁是凶手吗？

13 谁是诚实的人

A、B、C、D、E 五个人当中，有两个人是从来不说谎话的诚实人，但是另外 3 个人是经常说谎的骗子。

下面是他们所说的话：

A："B 是骗子。"

B："C 是骗子。"

C："E 是骗子。"

D："A 和 B 都是骗子。"

E："B和C都是老实人。"

请推测其中谁是诚实人，谁是骗子？

14 谁拿了零钱

妈妈上街买菜回来后，随手把手里的一些零钱放在了抽屉里，可是，等妈妈下午再去拿钱买菜的时候发现抽屉里的零钱没有了。

于是，她就把三个孩子叫来，问他们是不是拿了抽屉里的零钱。

甲说："我拿了，中午去买零食了。"

乙说："我看到甲拿了。"

丙说："总之，我与乙都没有拿。"

三个人中有一个人在说谎。那么到底是谁在说谎？是谁把零钱拿走了？

15 易碎的防盗玻璃

一个珠宝商要展出一颗巨大的钻石，为了保护这颗钻石，珠宝商特邀一家防盗公司设计制作了装有防盗玻璃的橱柜，玻璃即使遭受重锤乃至子弹袭击也不会破裂，同时在展览中设有防盗设施如摄像头等。

在展览那天，人山人海，一个男子迅速地走到了玻璃柜前，用重锤向柜子一击，玻璃竟然破裂，男子抢去钻石，乘乱逃去。

事后警方现场调查，发现玻璃的确是防盗玻璃，而摄像头则刚好只拍到盗贼的手，看不见他的真面目。那么到底谁是盗贼，又是用什么方法打破了防盗玻璃呢？

警方根据防盗玻璃的特性，很快捉到了盗贼。

你能判断出谁是盗贼吗？为什么？

16 帽子的颜色

一天，国王对甲、乙、丙三名犯人进行审问。他命令士兵将犯人绑起来，并给每个犯人戴上一顶帽子。同时告诉犯人，帽子的颜色只有红色和黑色，但是却不让他们知道自己头上戴的是什么颜色。在这种情况下，国王对三名犯人说了两条命令：

（1）谁能看到另外两名犯人戴的都是红帽子，就释放谁；

（2）谁能知道自己戴的是黑帽子，也可以得到释放。

事实上，三名犯人戴的都是黑帽子，只是他们被绑着，自己看不见。很长时间，三名犯人都只是互相看着不说话。过了不久，聪明的犯人甲就用推理的办法，认定自己戴的就是黑帽子。

请想想，犯人甲是怎么推断的呢？

17 宝贝在哪里

一个人的宝贝丢了，于是他开始

四处寻找。有一天，他来到了山上，看到有三个小屋，分别为1号、2号、3号。从这三个小屋里分别走出来一个人。

1号屋的人说："宝贝不在此屋里。"

2号屋的人说："宝贝在1号屋内。"

3号屋的人说："宝贝不在此屋里。"

这三个人，其中只有一个人说了真话，那么，谁说了真话？宝贝到底在哪个屋里面？

18 假古董

一天，一位收藏家把一只铜碗送到博物馆，说是汉代的一件稀世古董。管理员小李小心翼翼地拿起来，果然看见上面铸着"公元前54年造"，于是他喜滋滋地对老管理员老张说："真的是一件古文物。"谁知老张一看，却连连摇头，说是假的。

试问，老张怎么知道它是假的呢？

19 为什么小张是A队的

有一天，学校的学生在做游戏，A队只准说真话，B队只准说假话；A队在讲台西边，B队在讲台东边。

这时，叫讲台下的一位学生上来判断一下，从A、B两队中选出的一个人——小张，看他是哪个队的。

这位学生从A队或B队中任意抽出了一位队员去问小张是在讲台的西边还是东边。

这个队员回来说，小张说他在讲台西边。这个学生马上判断出来小张是A队的，为什么？

20 毒苹果

有一个苹果用刀切成了两半，小媛吃了苹果后中毒而亡。

经医生验证，苹果是有剧毒的。但是同时吃了另一半苹果的小彤却没事。

这到底是怎么回事呢？

21 大钟

一个重达两吨的大钟在展览会上大放异彩。这个大钟既可以为十三座城市报时，也可以体现季节的变迁，还可以显示太阳周围的行星运行轨迹。

这个大钟同时也引发了下面的疑问：从午夜到正午时分，时针和分针重合了多少次？

22 谁修好了电灯

公司坏了的电灯被某位员工修好了，领导想就此事提出表扬，可是又不知道究竟是谁修好的电灯。有以下事实都是成立的，请你猜猜是谁修好了电灯：

（1）甲、乙、丙中至少有一个人做了这件事；

（2）甲做了这件事，乙、丙也做了；

（3）丙做了这件事，甲、乙也做了；

（4）乙做了这件事，没有其他人做这件事；

（5）甲、丙中至少一人做了这件事。

23　3 匹马

跑马场上有 3 匹马，并排从起跑线上向同一个方向起跑。已知公马 10 分钟能跑四圈，母马 10 分钟能跑 3 圈，小马 10 分钟能跑两圈，经过多长时间 3 匹马又能同时回到起跑线上？

24　钓到了几条鱼

有个人喜欢钓鱼。一天钓鱼归来，路上有人问他钓了多少条鱼，他答道："有 6 条没头的，9 条没尾的，8 条半截的。"你知道他钓了多少条鱼吗？

25　谁加薪了

在某办公室听见这样的谈话：

甲说："如果给我加薪的话，也会给乙加薪。"

乙说："如果给我加薪的话，也会给丙加薪。"

丙说："如果给我加薪的话，也会给丁加薪。"

结果下来，三个人的说法都是正确的，但甲、乙、丙、丁四个人中只有两个人加了薪，你知道加薪的是谁吗？

26　牛奶与咖啡

有一杯咖啡，一杯牛奶。用一把勺子先从牛奶杯中舀一勺牛奶，倒入咖啡中，搅拌均匀；然后再舀一勺混合的咖啡牛奶倒入牛奶中，再搅拌均匀。

请问：是牛奶杯中的咖啡多，还是咖啡杯中的牛奶多？

27　杰瑞是否有罪

在美国芝加哥，有一家大百货商店被人盗窃了一批财物。芝加哥警察局经过侦察，拘捕了三个重大的嫌疑犯：杰瑞、梅里与布鲁斯。后来，又经过审问，查明了以下的事实：

1．罪犯带着赃物是坐车逃掉的；

2．不伙同杰瑞、布鲁斯决不会作案；

3．梅里不会开汽车；

4．罪犯就是这三个人中的一个或一伙。

在这个案件中，杰瑞是否有罪？

28　九张纸牌

有九张纸牌，分别为 1～9。A、B、C、D 四人取牌，每人取两张。

现已知 A 取的两张牌之和是 10；B 取的两张牌之差是 1；C 取的两张牌之积是 24；D 取的两张牌之商是 3。

请说出他们四人各拿了哪两张纸牌？剩下的一张又是什么牌？

29　推理的根据

这是一个发生在十九世纪初的真实著名案例。

伽罗瓦（Galois，1811~1832）的一位老朋友鲁柏突然被人刺死，家里的巨款也被洗劫一空。

女看门人告诉伽罗瓦，警察勘查现场时，看见鲁柏手里紧紧捏着半块没有吃完的苹果馅饼，不知是为了什么。

她认为，凶手可能就在这所公寓里面，因为出事前后她一直在值班室，没有看见有人进入公寓。但是这所公寓有四层楼，每层有 15 个房间，居住着 100 多人，情况复杂，作案人究竟是谁呢？

伽罗瓦经过考虑，请女看门人带他到一间房间的门前停下来，问道："这房间谁住过？"

女看门人回答："米塞尔。"

"这个人怎么样？"

"爱赌钱，好喝酒，昨天搬走了。"

"这个米塞尔就是杀人凶手。"伽罗瓦肯定地说。

女看门人大为惊奇，问道："根据是什么？"

你知道这样推理的根据吗？

30　考试名次

甲、乙、丙、丁四名学生参加英语竞赛，赛后他们四人预测的名次如下：

甲说："丙第一，我第三。"

乙说："我第一，丁第四。"

丙说："我第三，丁第二。"

丁没有说话。

等到最后公布成绩时，发现他们每人预测对了一半。请说出他们竞赛的排名次序。

31　推断凶手

德国卡尔斯鲁厄市的警方，在一宗杀人案现场发现留有凶犯的几滴鼻血。经化验，这鼻血的血型是 AB 型。

侦查的结果，查出一名叫汉斯的中年司机有犯罪嫌疑，但在警方前往拘捕时，却晚了一步，汉斯出国了，因而无法查出他的血型是什么。

于是，警方转而调查汉斯父母的血型。他父亲的血型是 O 型，母亲的血型为 AB 型。

请问：汉斯是凶手吗？

32　遇害真相

荒野中，有个男子被人绑在树上窒息而死。修斯侦探到了案发现场，协助警方侦破案件。他发现男子的嘴被堵着，脖子被生牛皮绕了三圈。经警方鉴定，男子死亡的时间是在下午四点左右。很快警方逮捕了一个嫌疑犯。

但经过调查，此人从上午至下午尸体被发现，都不在案发现场，警方找不到证据，想要释放此人。不料被修斯侦探拦住，他详细地做了一番分析，嫌疑犯终于承认了自己的罪行。

请问：凶手是用什么手段蒙蔽警方的？

33 两个嫌疑人

一艘豪华客轮在太平洋上发生一起凶杀案。一个老板被人杀了，尸体在自己的客房里。主要嫌疑人有两人：死者侄子和死者秘书。

两人都有杀人动机：死者侄子是遗产继承人，而且他最近在外面欠了一笔巨额赌债；死者秘书挪用巨额公款被死者发现，死者正考虑对其提出控诉。

请用以上条件分析谁是真正的凶手，并给出理由。

34 找相应的开关

一个卧室内有 3 盏灯，卧室外有 3 个开关 A、B、C，分别控制卧室内的 3 盏灯。

在卧室外看不见卧室内的情况。你只能进门一次，请问用什么方法可以区分哪个开关控制哪盏灯？

35 说谎的青年

在酒吧，侦探查理遇见一个满头金发、面孔黝黑的青年在大谈生意经：

"昨天我才从沙漠地带回来，洗尽一身尘垢，刮去长了好几个月的络腮胡子，修剪好蓬乱的头发，美美地睡了一夜。最值得庆幸的是，我的化验分析报告证实，那片沙漠地带有个储量丰富的金矿。假如有谁愿意对这个有利可图的项目投资的话，请到 315 号房间详谈。"查理端详着他那古铜色的下巴，讪笑着说："你若想骗傻瓜的钱，最好把故事编得好一点！"

请问：查理为什么会这样讲？

36 沙漠求生

有 9 个探险者在沙漠中迷了路。早餐起来一看，所带的水只够喝 5 天了。

第二天，他们发现了一些脚印，知道还有一些人也在沙漠中，于是便寻踪而去。

追上以后，发现这些人已经没有水喝了，最后两批人只好合用这些水，于是水只够喝 3 天。

那么，你知道第二批人总共有几人吗？

37 谁是冠军

电视上正在进行足球世界杯比赛的实况转播，参加比赛的国家有美国、德国、巴西、西班牙、英国、法国六个国家。

足球迷李浩、孙涛、张天对谁会获得此次世界杯的冠军进行了一番讨论：

孙涛认为，冠军不是美国就是德国；张天坚定地认为冠军决不是巴西；李浩则认为，西班牙和法国都不可能取得冠军。比赛结束后，三人发现他们中只有一个人的看法是对的。

请问：是哪个国家获得了冠军呢？

38. 身高问题

一个篮球队里，史密斯比丹尼尔高，皮尔斯比哈里矮，所以史密斯比皮尔斯高。以下各项作为新的前提分别加入到题干的前提中，除了其中的某一项外，其他都能使题干的推理成立。

请问不能使推理成立的是哪一项？

A. 史密斯与哈里同样高。

B. 丹尼尔与哈里同样高。

C. 丹尼尔比哈里高。

D. 哈里比丹尼尔高。

E. 皮尔斯比丹尼尔矮。

39. 谁偷到了奶酪

有四只小老鼠一块出去偷食物（它们都偷到了食物），回来时族长问它们都偷了什么食物。老鼠A说："我们每个人都偷到了奶酪。"老鼠B说："我只偷到了一颗樱桃。"老鼠C说："我没偷到奶酪。"老鼠D说："有些人没偷到奶酪。"

族长仔细观察了一下，发现它们当中只有一只老鼠说了实话。那么下列的评论正确的是：

（1）所有的老鼠都偷到了奶酪；

（2）所有的老鼠都没有偷到奶酪；

（3）有些老鼠没偷到奶酪；

（4）老鼠B偷到了一颗樱桃。

40. 过新年

元旦过后不久，王教授把刚从远洋归来的两位朋友请来做客。在酒席间，王教授问道："新年你们过得可好？"

其中一个说："我年前就离开了上海，向东航行。当我到达美国旧金山港口时，已是年后数天了。因此，我是在海上航行中度过新年的，有趣的是我连续过了两个元旦。"

另一个告诉王教授说："我也是在航行中度过的，我们的航线与他一样，只是方向相反。当我到上海时，也是年后数天了，我竟没有赶上元旦，真不愉快！"

亲爱的读者，他俩说得对吗？为什么？

41. 伪造的录音

某公寓发生了一起凶杀案，死者是该公寓的租客。布瑞探长接到报案后立即赶往现场。

现场发现一台录音机，而且没有人开过录音机。布瑞按下播放键，录音机里传出了死者死前挣扎的声音："是房东想杀我，他一直想杀我。我看到他进来了，他手里拿着一把刀。他现在不知道我在录音，我要关录音机了，我马上要被他杀死了……咔嚓。"录音到此为止。布瑞听完马上断定这段录音是伪造的。

你知道布瑞为什么这么快就断定这段录音是伪造的吗？

42 四对双胞胎

在老北京一个胡同的大杂院里，住着4户人家，巧合的是每家都有一对双胞胎女孩。这4对双胞胎中，姐姐分别是ABCD，妹妹分别是abcd。一天，一对外国游人夫妇来到这个大杂院里，看到她们8个，忍不住问："你们谁和谁是一家的啊？"

B说："C的妹妹是d。"

C说："D的妹妹不是c。"

A说："B的妹妹不是a。"

D说："他们3个人中只有d的姐姐说的是事实。"

如果D的话是真话，你能猜出谁和谁是双胞胎吗？

43 三名嫌疑人

退休的邮政局长汤逊，他每天都有早晨运动的习惯，这天早上，他在公园晨练时，被人袭击毙命。

警方的调查显示，这是一宗劫杀案，汤逊是被凶手用硬物击中后脑，受重伤而致死亡的。凶手还从他身上掠去了所有的财物。警方的调查又显示，凶手只有一个人。

在一连串的详细侦查之后，警方发现了三个有可能是凶犯的人：

A．琼斯，他当日曾牵着狗在公园出现；

B．卡登夫人，她当日曾在公园织毛衣；

C．画家查理，他当日曾在公园写生。

警方相信，凶手是利用自己身边的工具袭击汤逊的。

请问：你能推理出谁是凶手吗？

44 吹牛的人

在一条河的渡口，既没有桥，也没有船。甲对乙说："别看水面这么宽，我上午一口气横渡了5次呢！"乙说："游完你就回家了？"甲说："那当然了！"乙说："你吹牛！"

甲是有名的水中好汉，乙不是不知道，可是他为什么不相信甲呢？

45 受过伤的死者

探员向探长报告案发现场的情况："死者的右手上个月被打断了，一直不能活动。我们在他裤子的左口袋里发现了一包香烟，在右口袋里面发现了一盒火柴。"

探长听了侦查员的话说："那他肯定是被杀的。"你知道探长为什么如此肯定吗？

46 可疑的旅客

某夜，一架航班降落在北京首都机场，海关人员开始检查旅客们的行李。

检察员小刘发现从飞机上下来的3个商人打扮的人神色可疑：他们带了一个背包、一个纸箱子和一个帆布箱。小刘查看了他们的护照，他们来京的目的是旅游。当天早上从泰国首都曼谷出发，经过菲律宾首都马尼拉，再经我国广州，然后飞抵北京。

小刘拿着护照看了一会儿，便让来客打开箱子检查，果然在夹层里发现了毒品。

请问：是什么引起了小刘的怀疑呢？

47 消失的脚印

一天清晨，迈克去拜访史密斯先生。可是在门口喊了半天也没人应答，于是迈克便到史密斯家小屋后面的田野中去寻找，结果发现史密斯先生倒在了那里。

迈克急忙报了警，警察赶来仔细查看了尸体的周围，但是却没有发现一个脚印。

昨天刚刚下过雨，田野里是湿的，土都是软的，只要有人走过，必定会留下脚印。而且史密斯先生的衣服是干的，没有淋过雨，所以史密斯先生是在雨停后被杀的，而且这里不是第一现场。

在史密斯身后3米处有一个荒废的老屋，只见那个荒凉的院子里有一棵大树，树上挂着一个秋千，四周是光秃秃的土地。

警察点点头，他已经明白是怎么回事了，聪明的你明白了吗？

48 奇怪的指纹

一天，探长詹姆斯去拜访好朋友张教授，却发现张教授躺在们反锁着的卧室的床上已经死了。

詹姆斯从窗户爬进卧室，卧室里的一切现象似乎都表明张教授是自杀而死。在卧室门的锁孔上还插着一把钥匙，经詹姆斯提取指纹，发现钥匙上留下的拇指和食指指纹同张教授右手拇指和食指指纹完全吻合，这就更证明了张教授是反锁卧室门自杀的推断。

但是细心的詹姆斯探长经过反复推敲，还是看出了这是一场伪造的自杀现场。那么他是从哪里看出破绽的呢？

49 被盗的宝马

一位富人，不惜重金买了一匹日行千里、夜走八百的宝马。为了把马安全运送到家，他专门请了一支手枪队来保护这匹马。

当手枪队和这匹马同在火车的同一节车厢上，走在回来的路上时，马却被盗了。据说这支大约 10 人的手枪队一直和马寸步不离，并不是手枪队监守自盗，那这究竟是怎么回事呢？

50 追查死因

贝塔死了，是中毒而死。为此，安娜和贝思受到了警察的传讯。安娜：如果这是谋杀，肯定是贝思干的。贝思：如果这不是自杀，那就是谋杀。

警察做了如下的假设：

（1）如果安娜和贝思都没有撒谎，那么这就是一次意外事故。

（2）如果安娜和贝思两人中有一人撒谎，那么这就不是一次意外事故。

最后的事实表明第二个假设是正确的。

那么，贝塔之死的原因究竟是什么？

51 聪明的审判员

采购员刘某，以代买空调为名，先后骗得 9 名顾客数额相等的现金。司法机关追查时，刘某耍了个"脱身法"，承认骗了 9 个人共计人民币 1984 元，要求法院宽大处理。

审判员听了刘某的交代后，略加思索，当即指出："不对，你骗的钱不是 1984 元，而是 6984 元。"刘某一听，吓得目瞪口呆，冷汗直流，因为他诈骗的金额就是 6984 元。

那么，为什么审判员能够如此准确地推断出刘某诈骗的金额呢？

52 凶手是谁

丽萨在家中中枪死亡，她家里养的一只小猫也死了。

兰溪探长问 3 名嫌疑人："丽萨中枪死了。10 月 3 日那天下午 2:00 ～ 3:45 你们在哪里？做什么？"

A 说："我在家里的花园里修剪花草。不会是我的，我不会用枪啊！"

B 说："我在家里看电视。怎么可能是我！我跟丽萨可是好朋友啊！再说了，我很喜欢丽萨家的那只小猫。"

C 说："我在整理行李，因为明天就要去出差了。我杀了她对我有什么好处？而且我没有枪。"

请问：谁是凶手呢？

53 今天星期几

A、B、C、D、E、F 和 G 在争论今天是星期几的问题。

A："后天是星期三。"

B："不对，今天是星期三。"

C："你们都错了，明天是星期三。"

D："胡说！今天既不是星期一，也不是星期二，也不是星期三。"

E："我确信昨天是星期四。"

F："不对，你弄错了，明天是星期四。"

G："不管怎么说，反正昨天不是星期六。"

实际上，这七个人当中只有一个人说对了。

请问：说对的是谁？今天究竟是星期几？

54 到站的火车

某火车站有 L532、D215、D223、K304、T408 和 Z102 共 6 列车先后到站。

已知：Z102 不是最后一列到达的火车，它和最后到达的火车之间还有两列车；T408 也不是最后一列车；在 L532 的前面至少有 4 列车已到达，但它也不是最后一列；K304 不是第一个到达的火车，它前后至少都有两列车分别到达；D223 不是第一个到达，也不是最后一个到达的火车。

请问：6 列火车中第三个到站的是哪一列？

55 枪击案发生的时间

一天夜里，某个小区发生了一起枪击事件，小区的人都被吵醒了。只有四个人在醒来的第一时间看了看表，他们分别是老王、老张、老李、老赵。

侦探瑞德赶到现场后找到了这四个看过表的人，四个人对嫌犯作案时间分别作了如下回答：

老王："我听到枪声是在 12 点零 8 分。"

老张："不是吧，应该是在 11 点 40 分。"

老李："我记得是 12 点 15 分。"

老赵："我的表当时是 11 点 53 分。"

枪击案发生的时间如此不一吗？其实这是因为四个人的表都不准。一个人的表慢 25 分钟，一个人的表快 10 分钟，还有一个快 3 分钟，最后一个慢 12 分钟。

请问：你能通过这 4 个不准确的时间来确定准确的作案时间吗？

56 不在场证据

一个名人被人杀死，警方怀疑 A 是杀人犯，不过，他有不在场的证据。

A 表示，在凶案发生的时间内，他正在家中和朋友 B 一起吃宵夜，并且一起看电视，那个节目是现场直播的，他能够说出内容。

警方向 B 询问，发现他是一个酒徒，他向警方表示，那天晚上，他在 A 的家中与 A 一起喝酒，也看过那个电视节目。

警方多方询问，发现 B 并没有说谎。但是，他们很快就找出了破绽。

A 用什么方法利用 B 作为他的证人呢？

57 谁是凶手

一个女明星被杀害了，警察抓到了两个嫌疑犯，但不能肯定他们之中谁是凶手。于是警察就展开了调查，发现这个女明星生前很喜欢收藏鞋子，她的鞋箱被翻乱后被凶手放好，警察发现她有八十双鞋子，红箱子有红色和绿色的鞋子各二十双，绿色箱子有红色和绿色的鞋子各二十双，这些鞋子摆得很整齐。

警察问两个嫌疑犯谁是红绿色盲，乙说："甲是红绿色盲。"聪明的你能猜出谁是凶手吗？

58 罪犯的同伙

昨天监狱里有个犯人被谋杀了。凶手是透过窗户的铁条将犯人射死的，奇怪的是，窗前的蜘蛛网却一点都没有损坏，这是什么原因呢？难道他还有别的同伙吗？

59 打碎的水晶

波洛侦探的助手报告说："迈克被杀了，凶手就是他的仆人，但是一直没有找到凶手用的凶器。地上的水晶碎片是凶手离开现场时不小心打碎的。"波洛说："不，他是故意打碎的。"

你知道凶手为什么这样做吗？

60 树顶的毒品

在打击毒贩的活动中，警方一举歼灭了一个大型犯罪团伙，并在罪犯的身上搜到了一张纸条，上面写着："18 日下午 2 点，货在郊区白桦树顶。"

警方立即赶到现场查看，发现这棵树并不高，反复寻找货物也没有在树顶。于是他们重新推敲纸条的上话，最后终于在正确的位置找到了货物。

请问：警方是在哪里找到货物的？

61 智解隐语

警方截获了某走私集团的一份奇怪的情报，上面有 4 句隐语："昼夜不分开，二人一齐来，往街各一半，一直去力在。"

某警员经过研究，解开了隐语的意思，并及时部署安排，很快破获了这个走私集团。你能判断出这 4 句隐语的意思吗？

62 凶手

一天早晨，玛丽还未起床，忽听一阵急促的敲门声，门外有人喊："玛丽，你丈夫在家吗？"

玛丽听到喊声，开门一看，是准备同丈夫合伙外出做生意的布莱恩特。忙答道："他昨天晚上就没回来。"然后急忙向附近的警察局报了案。

经调查，玛丽的丈夫已被人暗害。警探详细询问了事情的经过后，立即将布莱恩特逮捕。开始他极力否认，但最后不得不低头认罪。警局人员是根据什么认定是布莱恩特作的案呢？

63 被盗的珠宝

牛掌柜最珍爱的盗圣玉牌被窃走了，经过小六的全力侦查，查明作案的肯定是李大嘴、吕秀才、郭芙蓉、白展堂这4个人当中的某一个。于是，这4个人被作为重大嫌疑对象而拘捕入狱，接受审讯。4个人的供词如下：

李大嘴："不是我偷的。"

吕秀才："白展堂就是罪犯。"

郭芙蓉："吕秀才是盗窃这块玉牌的罪犯。"

白展堂："吕秀才有意诬陷我。"

因为几个人供述的内容互相矛盾，谁是真正的罪犯还无法确认。经过邢捕头的卧底偷听，确定4个人当中只有一个说了真话。请问到底是谁偷了牛掌柜的珠宝呢？

64 谁是盗贼

某公司老板有一个巨大的商用冷库，里面装满了上等的牛排。一天夜里，一个小偷打开了冷库的大门，偷走了整整一卡车牛排。

3名嫌疑人被传讯。每个嫌疑人都是人人所共知的惯犯，而且都能找到整整一车牛排的买主。他们的陈述如下。其中，每个嫌疑人都作了两次真实的、两次虚假的陈述。

A：1．对窃贼来说，哪一天都是好日子；2．我找不到一车牛排的买主；3．我是用我的摩托车拉走的；4．我看见是C偷的。

B：1．我不会开卡车；2．我说的并不全是真的；3．我是清白的；4．A说的全是真的。

C：1．我说的全是假的；2．我会开卡车；3．我们全是清白的；4．A有销赃的买主。

你能判断出谁是小偷吗？

65 背影

大街上，一位妇女正在大吵大闹。正巧一位警察经过这里。"发生了什么事？"警察问。

那人哭哭啼啼地对他说："我的钱包被人偷走了。我正在路上走着，突然一个男人从我身后跑过来，撞了我一下，走了。后来，我发现钱包丢了。"

"你看见他的长相和穿戴了吗？"

"我只看到了他的背影，没看到长相。好像是个年轻人，我记得他戴着一个黑色的领结。"

"你说的全是假话！"警察严厉地说。

警察是怎样判断出她在说假话的呢？

66 谁在撒谎

郊外的公路上，有个骑摩托车的人摔伤了，躺在车后面，与此事故有关的两个年轻人据理力争。

青年 A："那是因为 B 太顽皮了，他丢石头打那个骑摩托车的人，才使对方从车上摔下来。"

青年 B："不是我的责任，是 A 辱骂骑摩托车的人，对方回头，不料竟撞上电线杆。"

已经知道这两个青年有一个说的是谎话，到底谁说的是谎话呢？

67 五个人的证词

一日在湖边一所别墅内发生了谋杀案，死者是本市著名富商，此人既小气，又好色，家族中有许多人恨他。大侦探亨特接到警察的求助去勘查现场，这时候亨特得到了五个人的证词，分别有：

富商的老婆："一定是他大儿子害死他的，我和我的小儿子都很爱他，我们怎么可能会杀死他？"

富商的大儿子："不是我干的，我有不在场证明。"

一个在监狱中的囚犯："这家人全部都该死，也全部都得死，犯人不是那个 19 岁的佣人。"

富商的小儿子："虽然我恨透了他，但是我绝对不是凶手！"

19 岁的佣人："小儿子说的都是真的，他绝对不是凶手！"

五个人包括凶手在内的证词中有三个人说真话，两个人说假话，那么谁是凶手？

Chapter 07

第七篇
天马行空——想象创意馆

　　爱因斯坦曾经说："想象力比知识更重要，因为知识是有限的，而想象力概括着世界上的一切并推动着进步，想象才是知识进化的源泉。"想象力是生活的调色板，没有想象力的世界将会变得黯然失色，正是由于拥有无穷的想象力，人们能拥有一个曼妙的精神世界。你想让你的世界更加丰富多彩吗？那么快来参与我们的游戏吧，在轻松愉快的氛围中拥有美好的精神世界。

哈佛优等生最爱做的

全脑思维

游戏（插图金版）

01 寻找英文字母

充分发挥你的想象力，看看在下面的图形中，你能找到几个大写的英文字母？

02 哪边重

天平的一边放着盛满清水的水桶。另一边放了一只一模一样的水桶，也同样盛满清水，只是水上浮着一块木块。

试问：天平的哪一边要向下落呢？答案是不同的。有些人说有木块的那一边一定向下落，因为"桶里除水之外还多了一块木块"。另外一些人却提出相反的意见，认为应该是没有木块的那一边落下去，因为"水比木块更重"。

你说呢？究竟应是哪一边重？

03 拼汉字

在"口"上加两根火柴就可以变成一个新的汉字，那么你能组成多少个汉字呢？

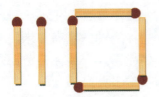

04 魔方

有一个魔方所有的面都是蓝色。请问，在这个魔方中，有几个小立方体只有一面是蓝色？有几个小立方体两面是蓝色？有几个小立方体三面是蓝色？有几个小立方体四面是蓝色？有几个小立方体所有的面都不是蓝色？

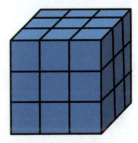

05 倒看计算器

用计算器表示的数字 1~99 中，正看和倒看计算器，其数字都是相同的数字，这样的数字一共有几个？

06 分饼

第一次直线切割，可以把一个馅饼切成两块。第二次切割与第一次切割相交，则把馅饼切成 4 块。第三次切割（如下图所示）切成的馅饼可多至 7 块。 那么，经过 6 次这样呈直线的切割，你最多可把馅饼切成几块？

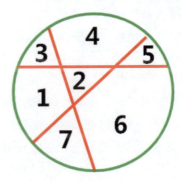

07 摆数字

用三根火柴摆一个大于 3 小于 4 的数字，请问该怎么摆？

08 折纸的启示

有人说："一张报纸对折 30 次后，就比珠峰还高。"珠峰高 8848 米，一张报纸的厚度才有 0.01 厘米。请问：你认为这个人是在吹牛还是在说实话？

09 移走灰尘

将下面的图形移动两根火柴，将灰尘铲到铲子上。

10 绳子上的铁球

有一棵大树，树上用绳子吊着一只铁球，当铁球摆动到最高点的一刹那，绳子突然断了。

请问：铁球将向哪个方向落下？

11 穿越正六边形

如下图所示，一张纸上画了一个正六边形，你能在纸上画一条线，并且使这条线穿过正六边形所有的边吗？

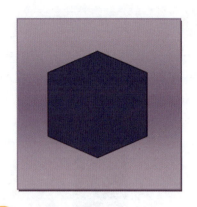

12 感觉

如果将手放入 100℃滚烫的热水中，即使只有 3 秒的时间，也会严重烫伤。那么，如果将手放入 150℃的空气中，停留 5 秒左右，这只手会怎样呢？

　A．彻底烧烂，整只手完全报废；

　B．感觉暖暖的，不会被烫伤。

13 分割正方体

有一个正方体，要将它分成相等的 27 块，请问最少要切几刀？

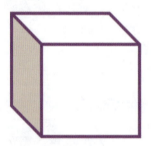

14 井中的青蛙

有一只小青蛙，一不小心掉进了一个洞中，洞的深度有 2 米，他每次只能跳半米高，那么你知道他几次可以跳出这个洞吗？

15 手影

充分发挥你的想象力，下图中分别是什么动物的影子？

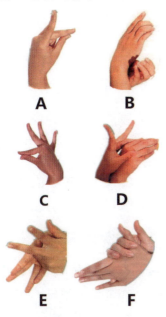

A   B

C   D

E   F

16 一根绳子

有一根绳子悬挂在船的一侧，绳子正好触及水面。这根绳子从头开始，每隔 20 厘米就有一个绳结。在涨潮的时候，水位以每 10 分钟上升 10 厘米的速度上涨，那么 40 分钟后绳子上将有几个绳结在水面之下？

17 你中有我，我中有你

220 和 284 是一对相亲相爱的数字，表示"你中有我，我中有你。"你能看出其中的奥妙吗？

18 奇妙的风景画

下图是一幅海边风景画，发挥你的想象力，你能看到一个嘴唇吗？

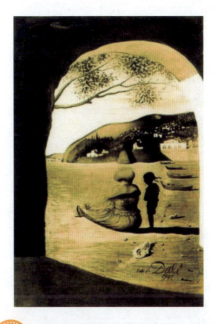

19 四道菜

某地有一家酒店叫"难不倒"，无论顾客点出什么菜肴酒店都能满足。一天，一位顾客点了四道菜，分别是皮外皮、皮内皮、皮里皮外皮、皮打皮。很快酒店的大厨就把菜做好了，并端了上来。这位顾客一看，非常满意。

请问：你知道这四道菜分别是什么吗？

20 平行与不平行

下图中 AB 和 CD 是两条平行的线段，你能在不移动 AB 和 CD 的前提下，再添上 3 条线段，最后让它们不平行吗？

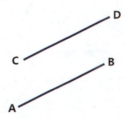

㉑ 飞机的影子

两架同样型号的 ttt 飞机，一架飞行高度为 50 米，另一架的飞行高度为 30 米，请问：哪一架飞机投在地面的影子大？

㉒ 铺瓷砖

新建的波尔多城堡大厅要铺地砖，可是，主管部门要求只准铺五边形的瓷砖，且每个五边形瓷砖大小、形状要一样，只有铺到边上才可用碎瓷砖。那么，用五边形的瓷砖可以把地板铺得没有缝隙吗？

㉓ 奇怪的逻辑

请问下面指的是什么？

1 的时候是 4；2 的时候是 3；3 的时候是 2；4 的时候是 1；5 的时候是 0。

㉔ 虚幻的球体

你能在下图中看到一个球体吗？尽管没有边缘和阴影限定它。

㉕ 月牙弯弯

用两条直线就能把月牙状的图形分成 6 个部分，快来试试吧！

㉖ 两个钟表

有个人家里有两个钟表。一个钟表不走，另外一个每天总是慢一个小时。

那么，哪个钟表在一周之内正确显示时间的次数多呢？

㉗ 兔子吃萝卜

如果三只兔子在 6 分钟内吃掉 3 根胡萝卜，那么一只半兔子吃掉一根半的胡萝卜需要多少时间？

㉘ 连四边形

在 3×3 的小钉板上，连成四边形，至少有 16 种连法，你能画出来吗？

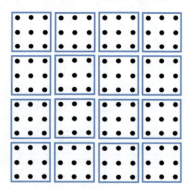

㉙ 几面镜子

两个人一个脸朝南，一个脸朝北站立着。条件是两个人都不准回头，不准走动，两人通过几面镜子才能看到对方的脸部？

30　不同的骰子

下图有四个骰子，有三个是完全一样的，其中一个有点不一样。你能把这个不一样的骰子找出来吗？

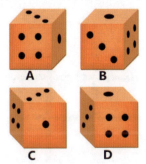

31　一口水缸

院子里有一口大缸，下雨的时候，水缸可以在 2 个小时内落满雨水。如果这天雨的大小并没有改变，只是雨是倾斜着落下来的，那么雨水盛满这口缸需要的时间是长了还是短了？

32　减肥的小鸟

把下面图片分成相等的四份，使每一份中都有一只小鸟和一条毛毛虫。其中一只小鸟没有毛毛虫，因为它正在减肥。

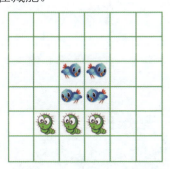

33　两杯热水

两只同样的烧杯内均装着 100℃热水 500 毫升。在一只杯子内先加入 20℃冷水 200 毫升，然后再静止冷却 5 分钟；而另一只杯子先静止冷却 5 分钟，然后再加入 20℃冷水 200 毫升。

请问：此时这两只烧杯内的水温哪一个低？

34　调头的奶牛

下图中的这只奶牛有头、身、脚、角和尾巴等部分，并看向左边。请移动其中的两根火柴，使奶牛看向右边。

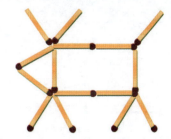

35　过独木桥

山涧上有一座独木桥，宽度只能容一个人通过。有两人来到桥头，一个南来的，一个北往的，要同时过桥，如何过去？

36　火柴拼"品"

三根火柴连一个"口"字都不能组成，但是有人却用三根火柴组成了一个"品"，他是怎么办到的呢？

37　组装正方体

下图是一张被拆开的正方体盒子，将它组装好后会是哪一个正方体呢？

38 直角

你能用3根木棍组成12个直角吗?

39 绕行太阳

一个宇航员骄傲地对他父亲说,他已经绕行地球二十圈了。

他父亲说:"这有什么稀奇,我已经绕行太阳五十圈了呢!"

你说,他的父亲是在吹牛吗?

40 截面

一个正方体,能否选择一个角度将它一分为二,使得截面是一个正六边形?

41 哪条路更短

下图中从起点到终点,有蓝色和绿色两条路,你看哪一条路更短些?

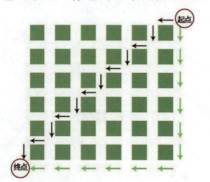

42 卸西瓜

载西瓜的船到了岸边,没有系缆绳就开始卸西瓜。工人从船尾将西瓜向岸上的人抛去,这样会发生什么事情?

43 巧移黄瓜

12 根黄瓜排成了个井字形,你能移动其中三根,得到三个正方形吗?

44 对折纸条

有人想把一张细长的纸折成两半,结果两次都没折准。第一次有一半比另一半长出一厘米;第二次正好相反,这一半又短了一厘米。请问:两道折痕之间有多宽?

45 电梯上称重量

在下降的电梯中,分别用弹簧秤与天平称物体的重量,称出的结果与电梯静止时有什么变化?

46 绳子的长短

用绳子捆住 4 个油桶,油桶截面的直径是 1.5 米,你估计绳子最少用多长?

47 翻滚的正方体

下图中是一个正方体,正方体的

各个面上分别标着 A~F 六个字母，A 的对面是 F，B 的对面是 E，C 的对面是 D。正方体沿着箭头的方向翻滚，最后朝上的一面是什么字母？

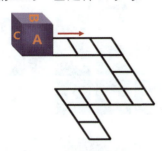

48 满载重物的货车

两个人中间有一满载重物的货车，车前的人用力往后推车；车后的人也拼命地往后拉车，但货车却反而向前走了，这种情况可能吗？

49 火柴拼字

想象一下，用 3 根竖着的火柴和 5 根横着的火柴能拼出几个汉字？

50 看守犯人

9 名犯人用手铐分成 3 组，每天做练习。如果看守者想安排犯人，使得周期在 6 天的过程中，没有 2 名犯人铐在一起超过一次，那么，他该怎样铐这些犯人呢？

51 颠倒三角

由 10 个小圆排列成一个三角形，你能只移动其中的 3 个小圆，让原三角形上下颠倒放置吗？

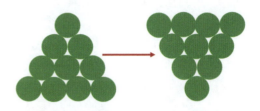

52 技工和学徒

有两个人在一家工地做工，由于一个是学徒，一个是技工，所以他们的薪水是不一样的。技工的薪水比学徒的薪水多 20 美元，但两人的薪水之差是 21 美元。你觉得他俩的薪水各是多少？

53 十个杯子

十只杯子排成一排，左边五只盛满水，右边五只空着，请你在只动四只杯子的条件下，使十只杯子变成满杯与空杯相间排列。

如果只动两只杯子，你还能使它们相互间隔吗？

54 正方体

下图中是一个正方体从两个方向看的视觉效果，这个正方体的 6 面上分别写着 A~F 六个字母。请问：与字母 C 相对的字母是什么？

55 镜子房间

有一个房间，四周布满了镜子，包括天花板和地面。这时，一个拳击运动员进来观赏房间。你认为他会看到什么现象呢？

56 齿轮链

下图中9只齿轮合成一个闭环状，红色的齿轮应该如何旋转，才能使绿色的齿轮顺时针旋转？

57 三根木棒

有三根木棒，分别长14厘米、5厘米、3厘米，在不折断任何木棒的情况下，你能用这三根木棒摆出一个三角形吗？

58 尺子的长短

5把没有标记的尺子用铰链连在两点。每把尺子应该有多长，才能使一把或几把组合可以测量从1到15个单位的任何距离？

59 完成图形

下面A、B、C三个图形中，哪个可以填在问号处？

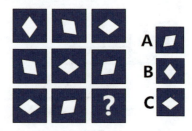

60 切割床板

有一个人的床板坏了，他就买了一个新床板准备安上去。但是，他发现新买的床板太大了，所以他切下了一块；结果，他又发现太小了，又动手切下了一块。这一次，床板完美地安装在床上。

他只有切割床板，并没有切割床，他怎么能做到呢？

61 正方形

移动2根火柴，使下图中的4个正方形变成6个。

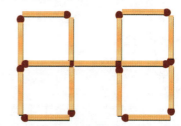

62 一道数学等式

有两个数学老师，在检查一道相同的初级数学等式时争吵了起来。

其中一个说："这个等式是完全正确的！"另一个说："不，这绝对是错误的。"这个等式是一个 8 岁的小学生写的,为什么这两个老师对相同的等式会有如此看法呢?

63 三角形与正方形

在下图的右面,第七个正方形数 49 以圆的形式给出,如果每个正方形数是两个连续三角形数之和,你能否找出是哪两个三角形数组成 49 的?

64 正方体展开图

正方体的展开图共有多少种?下图已经给出了 4 种(注意,同一展开图的旋转和上下左右翻转不计在内)。

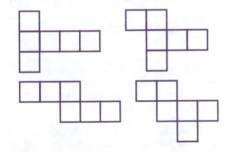

65 猜想

提示一:数学;
提示二:空间;
提示三:笛卡尔;
提示四:多少。
想一想,与上面四个提示有关的事物是什么?

66 融合的图形

下面这两个图形重叠后会产生一

个新的图形,那么,新图形会是什么样的呢?

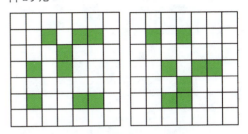

67 原地转圈

有人研究发现,在沙漠中迷失方向的人,虽然他们动身时准备要走直线的路程,并沿着正前方向走下去。但是,他们往往会绕一个很大的圈子,然后又绕回到刚出发的地方。

请问:这是什么缘故呢?

68 绞尽脑汁

提示一:鹤;
提示二:海宁;
提示三:新月;
提示四:剑桥。
请用三个字来描述与上面的提示相关的事物。

69 骰子

下图中 3 粒骰子中,哪一粒是已知骰面布局图不能构成的?

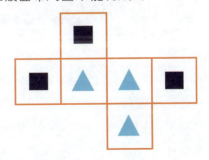

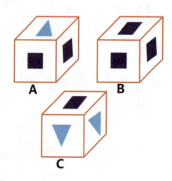

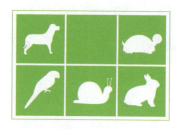

70 填空

下图中空白的方块处应该填 A、B、C、D 中的哪一个？

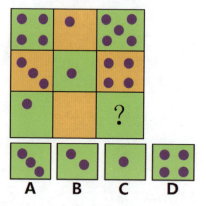

73 座位问题

8 个人围着一个八边形桌子坐下，共有几种坐法？

74 三维图形数字

有与平面图形数字相似的三维物体，这样的数字可以通过堆积球体成金字塔形来找出：3 个面的金字塔给出了 4 面体数，4 个面的金字塔给出 5 面体数。

最小的 3 个四面体数是 1、4、10；

最小的 3 个五面体数是 1、5、14；

看一下两个序列中的差，你能继续给出之后的数吗？

71 骰子的点数

下图有 4 个骰子，我们能看到 12 个面，你知道还有几个面我们看不到吗？那几个面的点数和是多少？

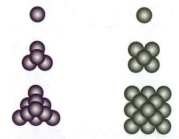

72 换位

每次只能移动一个图形，只可将其移到空白的地方，要把乌龟和兔子换个位置，你需要几步？

75 点燃的蜡烛

把一根点燃的蜡烛放在一个装有水的容器里，再在蜡烛上面罩上一个玻璃瓶。你能预测一下，这个实验最终会出现什么结果吗？

104

Chapter 08

第八篇
奇思妙想——创新达人秀

创新就是打破常规,改变传统。创新不仅仅是一种思想,更需要方法。人类的大脑是创新思维的发源地,游戏则是创新思维发展的工具。你想走出思维定式,拥有创新思维吗?你想拥有一个和别人不一样的大脑吗?你想在同龄人中出类拔萃吗?那就赶快进入到下面的创新达人秀的挑战中吧!

哈佛优等生最爱做的

全脑思维

游戏(插图金版)

01 摔不碎的生鸡蛋

你站在水泥地上，手拿一个生鸡蛋，你要如何做才能使鸡蛋向下落1米而不会摔碎？

02 添一笔

下图是阿拉伯数字"9"的罗马写法，请添上一笔，使其变成偶数。

IX

03 更近的距离

据有关生物科学家统计说，世界上两眼间的距离最近的鱼是比目鱼。

请问：你还可以想出来有什么动物的两眼间距离比比目鱼的两眼间距离还要近的吗？

04 奇怪的数字

有一个奇怪的数字，去掉第一个数字后是15，去掉最后一个数字后是30，请问：这个数字是多少？

05 交叉魔术

怎样才能将左手完全放进自己的右裤兜内，右手完全放进左裤兜内，且双手不交叉？

06 读了多少页

某人读一本书，从第一页开始读起，每天读30页，第三天因故没读，其他日子都按计划读了。请问：第8天这个人读了多少页？

07 停车问题

汽车停在一条不转弯的道路上，车头朝东。

怎样做能使汽车不转弯行驶，停下车后，是在离原停车地西面一千米的地方？

08 面包夹火腿

将面包切成10片，在每片面包里夹一片火腿，如果两片面包里仅能加一片火腿的话，请问：最多可以加几片火腿？

09 队列

现在有10个人，要求站成5排，每排4个人，该怎么站？

10 如何喝到水

一个人走在沙漠中，非常口渴，此时，他看到了一个瓶子。瓶子里还有多半瓶水，可是瓶口用软木塞塞住了，这个时候在不敲碎瓶子，不拔木塞，不准在塞子上钻孔的情况下，这个人怎样才能完整地喝到瓶子里的水呢？

11 通过桥洞

船顺流而下，通过一个桥洞时，发现货物装得多了一点，约高出2厘米。

无奈货物是整装的，一时无法卸下。有什么办法能够不卸货，使船通过桥洞呢？

12 摆正方形

有4个一模一样的正方形，请将它们进行摆放，最后拼成5个一模一样的正方形。

13 倒转水杯

用手将装满水的杯子倒转过来，一直拿着，杯中的水也不会洒下来。当然杯子上没有加盖子，而杯中一定是液态的水，而非冰或水蒸气。请问，用什么方法呢？

14 保持平衡

如果有一个天平，还有7克、8克、15克、23克的砝码各一个。你利用这些砝码，可以有几种方法让天平保持平衡？

15 一笔画五环

奥林匹克运功会会旗上的"五环"能够一笔画下来吗？

聪明的你快来试试吧！

16 神奇的钥匙

下图是一把用火柴搭成的钥匙，请你完成以下题目：

（1）移动四根火柴做出三个正方形；

（2）移动三根火柴做一两个长方形、一个正方形。

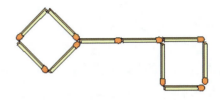

17 巧搭兔子窝

下面是用13根火柴做成的6个兔子窝，你能只用12根火柴做6个兔子窝吗？6只兔子要分开住。

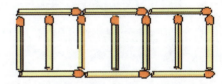

18 摆正方形

用18根火柴拼成3个正方形，大小可以不同，你会怎样拼？

19 篮球比赛

在一次篮球比赛中，A组的甲队和乙队正在进行一场关键性比赛。对甲队来说，需要赢乙队6分，才能在小组出线。

现在离终场只有6秒钟，但是甲队只赢了2分。要想在6秒内再赢乙队4分，显然是不可能的了。

这时，如果你是教练，肯定不甘心认输，如果允许你有一次叫停的机会，你将给场上的队员出个什么主意才有可能再赢 4 分？

20 聪明的阿凡提

国王想为难阿凡提，于是把他召入王宫，要他用沙子做一条拴驴的绳子，并限他三天之内必须完成，否则便要抓他坐牢。

老百姓们都很着急，看来阿凡提是难逃这一劫了。但是阿凡提却一点也不着急，每天还是笑呵呵地干活。

三天过去了，国王向他要绳子。可是阿凡提却对国王说了一番话，使国王无法向他要绳子。

请问：阿凡提对国王说了什么话呢？

21 "11" 的两种写法

你能用 3 根火柴拼出两种 "11" 的写法吗？

22 九点十线

在 9 个点上画 10 条直线，要求每条直线上至少有 3 个点。请问这 9 个点该如何排列呢？

23 数字 10

用 8 根火柴可以摆成数字 10，其实用 9 根火柴也能摆成 10，聪明的你能摆出来吗？

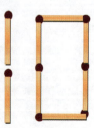

24 一笔画两线

用一支铅笔在一张纸上画线，请问，用什么方法可以一次就同时在纸上画出两条线呢？

25 如何通过桥洞

一辆满载货物的大货车要通过一个桥洞，可是车上的物品太多了，顶部高出了桥洞 1 厘米，货车无法通过。请问，你有什么办法帮助这辆货车顺利通过桥洞吗？

26 到达加油站

露西和莉莉驾着各自的汽车一起去郊外游玩。

回来时发现，每辆车剩下的汽油只能走 3 公里的路程，但是她们距离最近的加油站还有 4 公里，现在也没有工具可以把一辆汽车里的汽油加到另一辆汽车里。你能帮她们想个办法到达加油站吗？

27 巧剪绳子

有一根绳子，要你从绳子的中间剪开，让剪开的绳子还是一根绳子，请问：该怎样剪呢？

28 漆窗户

李叔叔的小商店有一个正方形的窗户，其高和宽都是2米。李叔叔想把这扇窗户的一半面积漆成黑色的，同时窗户上还要留出一个没有漆的正方形。

那么，李叔叔该怎么做呢？

29 如何通过

一只蚂蚁在地下通道里爬行，对面来了一只。由于通道非常狭窄，只能单只通过。

幸好，通道一侧有个凹处，刚好能容得下一只蚂蚁，可不巧的是，里面有一个小沙粒，把它移出来后又把通道堵住了，还是无法通行。

两只蚂蚁应该怎么做才能都顺利地通过呢？

30 巧移红心

如下图中，你最少移动几个红心能将左图变成右图？

31 找出铝钉

盒子里混杂形状、大小一样的铝钉和铁钉，现在需要用铝钉，你能把它们找出来吗？

32 两个空心球

有两个空心球，其大小及重量都相同，但是材料不同，一个是金的，一个是铅的。两个空心球的表面涂有相同颜色的油漆。现在要求在不破坏表面油漆的条件下，用一个简单的方法将两个球区分开来。

33 酒杯和酒瓶

如下图所示，请移动3根火柴，使酒瓶的瓶口对准酒杯。

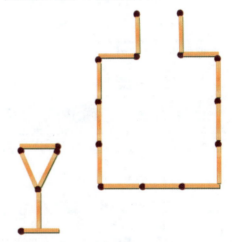

34 巧渡冰河

杰克和琼斯到南极探险，途中被一条冰河挡住了去路。冰河很宽，水很凉，人即使游得再快，也会被冻死，而且也没有可以绕行的道路。

这时，杰克说："我们有斧子、铁棍等工具，可以造一条木船啊！"可是，在这冰天雪地里，他们连半根木头都没看到。就在杰克想要放弃的时候，琼斯突然想到了一个好办法，这个办法帮助他们顺利地渡过了冰河，并且身体也没有被河水浸湿。

请问：你知道琼斯想到的办法是什么吗？

35 停在水杯中央的瓶塞

一般情况下，瓶塞是不会停在玻璃杯中央的，相反，它会慢慢地飘到玻璃杯的一侧，并且停在那里。

然而却有一个办法可以使瓶塞停留在玻璃杯的中央（使水旋转不算答案），你能想到吗？

36 麦秸提瓶

给你一根麦秸，你能将一个是它几百倍重的酒瓶提起来吗？

37 移动火柴

12 根火柴摆出下面的图形，请移动其中的 3 根火柴，使新图形变成 3 个面积相同的正方形。

38 怪异的等式

下面的等式按照一般的思考方式当然是不正确的，但是从另外一种角度来看，它便是成立的，你知道是什么角度吗？

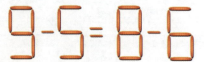

39 月球飞鸟

月球上的重力只有地球上的六分之一。

有一种鸟在地球上飞 20 千米要用 1 小时，如果把它放到月球上，飞 20 千米要多少时间？

40 半杯果汁

用一只透明的杯子倒果汁，不用其他工具，你能正好倒出半杯吗？杯子上是没有刻度的，且杯子上部和下部大小均匀。

41 小狗吃骨头

一只小狗被一根 2 米长的绳子拴在树干上，在距离小狗 2.1 米远的地方有一根骨头，小狗贪婪地看着它，却吃不到。你能帮小狗想想办法吗？

42 巧分胡椒粉

哈伯特的这个游戏总是令朋友很吃惊。他先在桌子上放一些盐，然后在盐上撒一些胡椒粉。接着，他让客人把胡椒粉从盐里分离出去，但是不能接触盐或者胡椒粉。

尽管这个听起来好像是不可能做到的事情，但是聪明的哈伯特很快就把胡椒粉分离了出来。那么，你能发现其中的奥妙吗？

43 挂钟

有一天,杰克忘记上发条,挂钟停了。之后他去拜访一位朋友,朋友的表时间准确。杰克待了一阵就回家了。然后他把挂钟的时间调对了。杰克身上没有表,他怎么把挂钟的时间调对的呢?

44 分吃蛋糕

将五块蛋糕平均分给六个人,不能将蛋糕切碎,而且不能将任何一块蛋糕切成三块以上,请问该怎样分呢?

45 如何喝到好酒

一家酒店的酒远近驰名,来品尝的客人络绎不绝,但多是失望而归。原来酒店有一条奇特的规定:想喝好酒的人必须从 4 米多高的竹竿上,将装满好酒的酒瓶拿下来,但是不准用梯子,也不许把竹竿放倒或者砍断。竹竿很细,根本爬不上去。

请问,你能帮客人们想到一个好办法吗?

46 集数

观察下图中这个美妙的几何集数,你能否说出作为外面正方形的一部分的红色三角形全部面积之和?

47 巧移巨石

古时候,某城的城墙在下雨的时候山脚崩塌,塌下来一块巨石挡在道路当中。正巧,第二天,皇上要到城里的寺庙去上香,必须要让道路畅通无阻。

官员们四处寻找力工,要他们把石头搬走,但因天下大雨,场地泥泞,石头怎么也搬不走。你能想个办法,帮他们将巨石移走吗?

48 画三角形

画一个三角形很简单,但是如果要求使下图的 A、B、C 三个点分别落在三角形每条边的中间,该怎样画呢?

A ●   ● C

B ●

49 卡片变换

桌子上并排放着 3 张数字卡片,组成三位数字 216。如果将这 3 张数字卡片的方位变换一下,组成另一个三位数,同时这个三位数又能够用 43 除尽。请问这个数是多少?三张卡片该怎样变换呢?

50 巧排队列

将 24 个人排成 6 列,要求每列 5 个人,请问该怎样排?

51 一笔成等式

下面是一个不成立的等式,请在式子中添上一笔,使等式成立。

5+5+5=550

52 最大的数字

用 8、3、4 这 3 个数组成的最大的数字是 843。那么请问用 9、6、8、3、1 这几个数字组成的最大数字是多少？

53 水杯里的乒乓球

乒乓球掉进一个干燥光滑的水杯里，你能想到一个办法，在不接触乒乓球、不碰触杯子、不用其他任何工具的情况下，就把乒乓球移出来吗？

54 分布手榴弹

请将下图的手榴弹分成相等的四份。

55 8 根火柴

现在有 8 根火柴，请你用这 8 根火柴同时摆出 2 个正方形和 4 个三角形（火柴不能弯曲或折断）。

56 你能做到吗

一天，妈妈想考考两个儿子，于是就拿来两本同样厚的书和两支笔，分别给了哥哥和弟弟每人一本书和一支笔。

妈妈要求他们用笔在书的每一页上都点一个点，并且要保证每一页都不能漏。哥哥马上就完成了，而弟弟却花了很长的时间。你知道哥哥是怎么做到的吗？

57 一条小鱼

如下图所示，移动三根火柴，使小鱼向相反的方向游动。

58 一个聪明人

从前有 A、B 两个相邻的国家，两国关系很好，货币可以通用。后来两国发生了矛盾。

A 国国王下令：B 国的 100 元只能买 A 国 80 元的货物。B 国的国王也下令：A 国的 100 元只能买 B 国的 80 元的货物。

结果，有个聪明人利用这个机会发了一笔大财。你知道他是怎么做的吗？

59 水杯与糖

桌子上放有 6 块糖，3 个空水杯。请将这 6 块糖按照下面的方式放入空水杯中：每个水杯内的糖必须是奇数，而且这 6 块糖都必须用完，但必须保证每一块糖都是完整放入杯中的。

60 绳子的长度

伽利略曾经提出这样一个问题：在一个又高又暗的城堡顶端，挂着一根细绳，人们看不见它的上端，只能看见它的下端，可又无法爬到高处去测量长度。

你能想出办法测出绳子的长度吗？

61 分香槟

有 7 个满杯的香槟，7 个半杯的香槟和 7 个空杯子，要将这些香槟平均分给 3 个人，请问该怎么分呢？

62 日历与扑克牌

一副扑克牌至少在六个方面与日历有着惊人地相似之处，你能说出几处相似之处呢？

63 台球冠军赛

库深思哈利布尔顿即将打进制胜一球，他随后获得了 1903 年曼哈顿花式台球锦标赛的冠军。

5 轮之后，他用球杆打进了 100 个球，而每轮他都要比前一轮多打进 6 个球。那么，你能否计算出他 5 轮中各轮的进球数吗？

64 一笔成字

有些文字是无法一笔写成的，但若你有心完成，还是有办法把这些字一笔写下来的（下笔之后，笔头不再离开）。你能将下面的字一笔写下来吗？

65 五朵小花

彤彤折了 6 朵小花，她想把它们用一根 1 米长的绳子每隔 0.2 米拴一个，做成一个风铃。

可是在制作过程中，她不小心将一朵小花弄坏了，想重新折却又没有多余的材料了，所以只有五朵小花了。

请问，如果依然要求在 1 米长的绳子上，每隔 0.2 米拴一朵小花，而且不能将绳子剪断的话，彤彤该怎么拴呢？

66 漂浮的钢针

詹姆斯是一个喜欢自娱自乐的人，他毫不夸张地说他自己可以让一根钢针浮在水面上。请问：你能想出他是怎么做到的吗？

67 水塘扩建

如下图所示，有一个正方形的水塘，四个角上都种有一棵树。现在要将这个水塘扩大一倍，而且仍然是正方形的，但是不能破坏树木，你有什么好的办法吗？

68 如何过桥

一个人挑着一担西瓜要过桥。桥宽一米，河水距离桥面半米，桥最多能承受 200 斤的重量。

过桥的人体重为 120 斤，两筐西瓜每筐重 50 斤。那么这个人怎样做才能一次把两筐西瓜都挑过桥呢？

69 染有红墨水的照片

一份珍贵的文件，在准备把它拍成黑白照片时，不小心洒上了红墨水，有什么简单的方法，能够使拍出来的照片上看不出红墨水的污迹吗？

70 巧组成语

下图中的三个字"田"、"禾"、"田"是用 24 根火柴拼成的。请你移动其中的 4 根火柴，拼成一个成语。

71 快速烤面包

用小圆炉烤面包（每次最多只能同时烤两个），每块面包的正反面都要烤，而每烤一面需要半分钟。请问：怎样在一分半钟内烤好三块面包？

72 游戏盒子

有一个思维游戏盒子，盒子里有白、绿、红三种不同颜色的罐子。绿色罐子的容量比红色罐子多 3 升，而白色罐子的容量则比绿色罐子多 4 升。现在的问题是用这 3 个罐子来准确量出 2 升的水。

那么，你如何只倒 9 次就可以把水量出来呢？

73 圣诞礼物

圣诞老人为孩子们准备了一个思维游戏，他先把装饰物固定在一条 3 米长的绳子的一端，然后将绳子的另一端系在圣诞树的树枝上。

"如果有人可以将绳子从中间剪断，并使绳子上的装饰物不会掉落在地，那么，我就会给这个人两份圣诞礼物，"圣诞老人说，"记住，一旦将绳子剪断，就不能触摸绳子或者装饰物。"

请问：该如何剪呢？

74 房子变球门

如下图所示，用 14 根火柴可以搭成一个由 3 个正方形和两个正三角形组成的房子。现在给你 9 根火柴，你能改建一个球门吗？

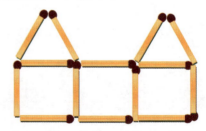

75 盒子里的水

一个规则的立方体盒子，里面装有一些水。

A 说："盒子里的水超过一半。"

B 说："盒子里的水不到一半。"

现在，在不把水倒出来的前提下，你如何知道盒子里的水有没有一半呢？

76 过桥

有一个山涧 4 米宽，下面是万丈深渊。山涧上没有桥，来往的人都带着木板过桥。一次，一个人带了 3.9 米长的木板，另一个人带了 3.1 米长的木板。两个人的木板都太短了，搭不了桥。他们应该用什么方法才能够过山涧呢？

77 翻转杯子

桌子上有 8 个杯子，且都是口朝下的。你每次只能翻转 3 个杯子，那么最少需要几次可以把它们全部翻转成口朝上呢？

78 汽车过桥

有一座短桥，载重不能超过 3 吨。一辆汽车满载了 3 吨半的铁链，再加上汽车本身的重量，已经大大超过 3 吨的限定了，那么，应该怎样做才能安全通过呢？

79 园丁浇水

公园中心种着九棵树（如下图所示）。一个园丁每天都要推车给树浇水，他的车子转弯和后退都不灵活，只有前进轻便，所以行车时只有尽量减少转弯的次数才能提高工作效率。

请帮这位园丁设计出一条路线，

使这条路线只要转三次弯就可以给所有的树都浇了水。

80 分油

有两只大小、形状、重量相等的油桶，一桶装有多半桶油，一桶无油。在无任何称量工具的情况下，如何均分这些油呢？

81 侦察员考试

某部门招收一名侦察员。考试的方法是：凡是参加报考的人都被关在一间条件较好的房间里，每天有人按时送水送饭，门口有专人看守。谁先从房间里出去，谁就被录取。

有人说头疼要去医院，守门人请来了医生；有的说母亲病重，要回去照顾，守门人用电话联系母亲，母亲正在上班。其他人也提了不少理由，守门人就是不让他们出去。

最后有个人对守门人说了一句话，守门人就放他出去了。你知道这个人说了什么吗？

82 6+5=9

下图中有 6 根火柴，如果再给你 5 根，你能将它变成 9 吗？

83 翻转硬币

现在有 9 枚硬币，总共有 7 元。正面朝上的硬币总共有 2 元 5 角，而反面朝上的硬币总共有 4 元 5 角。

这道题是要求你翻转 1 枚价值 1 元的硬币，使正面朝上的硬币为 3 元。

84 三堆火柴

有三堆火柴，第一堆 11 根，第二堆 7 根，第三堆 6 根。

你要做的是移动火柴，使第一堆火柴里面留下 8 根。

要保证每次将火柴添加到任一堆的数目与该堆的数目相等。

例如，如果这堆有 6 根火柴，那么你只能拿 6 根火柴加上去。记住只准移动三次哦。

85 马商运马

一位马商想把自己的马拉到县城去卖。

已知，从马商家到县城 A 马要花 1 个小时才能走到，B 马要花 2 小时，C 马要花 4 小时，D 马要花 5 小时。

这位马商一次只能拉两匹马，回来时他还要骑一匹马，其中以走得慢的那匹马作为从马商家到县城所需的时间。

这位聪明的马商只花了 12 个小时就把 4 匹马全部从自家拉到了县城。

请问：他是如何办到的？

86 瓶子里的钥匙

有一个有趣的游戏，准备一根绳子、一把钥匙、一个带有瓶塞的瓶子。

将瓶塞钻一个洞，让绳子从洞内穿过，然后把钥匙系在绳子的一端，并把绳子的另一端固定在瓶塞上。最后把钥匙放在瓶子里，并且不能使钥匙接触到瓶底，最后固定好瓶塞。这时瓶子里就悬挂了一把绑在绳子上的钥匙。

请在不接触瓶塞、绳子、瓶子或瓶子所在的桌子的情况下，把钥匙从绳子上取下来。

87 阿基米德的妙计

阿基米德是古希腊著名的科学家，他有许多创造发明，大家都很尊敬他。

这天，罗马侵略军乘着一艘战船，又来攻打叙拉古了。

青壮年们不在，城里只有老人、妇女和孩子，大家都吓坏了，都来找阿基米德，要他想办法把敌人赶跑。

阿基米德走上城墙边，烈日当头，照得人眼睛都睁不开。

他适应了一会儿，才看见罗马战船越来越近，船上的风帆不久前刚上过油。

他灵机一动，高兴地说："有办法了，我们可以放火烧船！"他指挥大家一起行动，敌船上的风帆烧起来了，敌人纷纷跳水逃命。

你知道阿基米德是用什么妙计，打胜这一仗的吗？

88 队列问题

有 16 个人排列队列，他们站成了 12 行，每行 4 个人（如下图所示）。其实，这 16 个人也可以站成 15 行，每行 4 个人。你知道他们应该怎么站吗？

89 硬币游戏

两个人做游戏，轮流在一本杂志封面上摆五分的硬币。每次放一枚，可以放在杂志封面上的任何位置，但是不得压在已经放好的硬币上。最后找不到可放的位置算输了。

假设由你先放，你能保证一定不输吗？想一想。

90 小三角形

下图中 16 根火柴组成了 8 个相同的小三角形。你能拿掉 4 根火柴，使这些三角形只剩下 4 个吗？注意，不允许出现两个三角形共用一条边的情况。

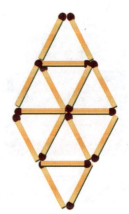

91 纸上的圆孔

在一张纸上做一个大小正好相当于一角硬币的圆孔。请问，若是不把纸弄破，让 1 元硬币从这个孔通过，怎么办？

92 面积减半

下图是一个 4×3 的图形，用 12 根火柴确定一个三角形，这个三角形占用了一半的面积。试一试，只移动 4 根火柴，能不能把现在的面积减少一半？

117

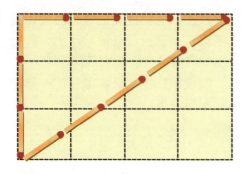

93 数字关系

下面 3 组数字中，每一组数字都有一个共同点，你能想出每组数字的共同点是什么吗？

```
  5 9
 2 4 6
1 3 7 8
```

94 抛球

李叔叔有一项神奇的技能，他用最大的力气将一个球抛了出去，很快球又会折回来。然而在这中间，球没有碰到任何东西，球上也没有任何牵制物，也没有人将球接住再抛回来。请问：李叔叔是如何做到的？

95 瓶子的容积

有一个药瓶，上面有刻度，可以从刻度上看出里面的药水的体积。但是这个刻度并不是从瓶底到瓶顶的，而且瓶子的开口处比下面小，请问：怎样能量出瓶子的容积呢？

96 工人的奇思妙想

某家木器工厂里的工人每天都需要用电锯把一个边长 3 尺的立方体锯成 27 个 1 尺见方的小立方块。显然，他只要锯 6 次，就能很容易做到这一点。

有一天他突发奇想，能否把锯下的木块巧妙地叠放在一起锯，而减少锯的次数呢？

请问：他可以做到这一点吗？

97 筷子搭桥

如下图所示，有 3 根竹筷和 3 个碗，每两个碗之间的距离都大于筷子的长度，3 个碗之间怎样才能用筷子连起来？

98 切点

两个圆相切有一个切点，三个圆相切有三个切点，六个圆相切，最多会有多少个切点呢？

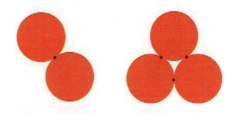

99 有烟瘾的教徒

有个教徒在祈祷时来了烟瘾，他问在场的神父，祈祷时可不可以抽香烟。神父回答："不行"。另一个教徒也想抽烟，但他换了一种问法，结果得到了神父的许可，你知道他是怎么问的吗？

附录 参考答案

第一篇 过目不忘——记忆阅兵式

01 这个小测试是测试你在集中注意力时的记忆程度。在30~40秒内就找到了15个连续数字，集中注意力时的记忆程度属于"优等"，40~90秒属于"一般"，在2~3分钟内才找到，那你应该是注意力不集中的人了。

02 3.14159 26535 897 932 384 626
山巅一寺一壶酒，尔乐苦煞吾，把酒吃，酒杀尔，杀不死，乐尔乐。

433 8327 95028 84197 16939 937
死珊珊，霸占二妻。救我灵儿吧！不只要救妻，一路救三舅，救三妻。

51058 209 74944592 307
我一拎我爸，二拎舅（其实就是撕我舅耳），三拎妻。

816 406 286 208 9986
不要溜！司令溜，儿不溜！儿拎爸，久久不溜！

03 可采用归类记忆法。先将所有物品进行分类，比如，猫、小狗、鹦鹉都是动物；帽子、眼镜、鞋子、戒指都是穿戴在身上的东西；钟表、桌子、衣柜是家里的摆设。把这些物品归类后，就很容易记忆了。

04 可以采用口诀记忆法：月娥姑娘（越南、俄罗斯）很脑腆（缅甸），蒙着布单披三毯（蒙古、不丹、哈萨克斯坦、塔吉克斯塔、吉尔吉斯斯坦），度过稀泥（印度、老挝、尼泊尔）去朝鲜，吧叽吧叽一身汗（巴基斯坦、阿富汗）。

05 采用联想记忆法。例如：

蒙古——乌兰巴托：蒙古的天气多变，所以乌云来了不脱（乌兰不脱）雨衣很正常。

老挝——万象：老窝（老挝）在家里，外面的万千景象（万象）自然就无法看到了。

菲律宾——马尼拉：非礼宾（菲律宾）客，人家当然会骂你啦（马尼拉）。

埃及——开罗：古代高官出门怕挨挤（埃及）于是就都敲锣开路（开罗）。

06 采用联想记忆法。

法国批判现实主义作家司汤达到《巴马修道院》为《吕西安·娄凡》讲解《红与黑》。

鲁迅写完《狂人日记》后，《从百

草园到三味书屋》，找到了《孔乙己》，请他帮忙做《一件小事》，然后他就回到了《故乡》去看《社戏》。

老舍经常去《茶馆》喝茶，他还告诉《骆驼祥子》不要去《龙须沟》，应该回老家过《四世同堂》的日子。

茅盾心里很矛盾，他在《子夜》写完《白杨礼赞》后考虑着要不要去《林家铺子》买《春蚕》，因为养蚕不会《蚀》白杨树。

07 可采用创建数字密码的方法记忆。看上去乱七八糟的数字其实是有规律可循的：先加5，再加2，依次类推。如果找到了规律，你只要记住第一个数字就可以了。

08 采用记忆口诀：辽吉黑，云贵川，陕西青藏（陕西、广西、青海、西藏）浙福甘，二江二湖两河山，安宁古广（安徽、宁夏、内蒙古、广东）新海湾。

09 联想记忆：秦始皇征战六国国君时，边喊（韩）叫边用刀照（赵）他们的胃（魏）部挥去，等拔出（楚）刀时他们已经咽气（燕齐）了。

10 草莓、苹果、牛奶、糖果、白菜。

11 可借用数学规则记忆数字序列。两组数字隐含了某种运算：842757：84 － 27=57；4728256：4 ×7=28 ×2=56。

12 对于形近字可采用对比记忆的方

法。如"点撇仔细辨（bian），争辩（bian）靠语言，花瓣（ban）结小瓜，青丝扎小辫（bian）。"

"横戌（xu）点戍（shu）戊（wu）中空，戎（rong）字交叉要记住。"

"用心去追悼（dao），手拿容易掉（diao），棹（zhao）桨划木船，私名为绰（chuo）号。"

13 运用建立联系的方法记忆。把这组数字拆开，每个部分都可以与某种物品建立联系。波音客机（747），周角的度数（360），一副扑克牌（52），詹姆斯·邦德（007），一年的天数（365）。

14 对于一些特殊的历史年代，可通过数字之间的特征进行记忆，如运用加减乘除法进行记忆。例如：1578可看成15=7+8；770看成7－7=0；1644vtt16=4×4；263看成2=6÷3。

15 可以采用联想记忆，将词语串联起来编成故事：火车在铁轨上飞驰，小河上飘来一个风筝，风筝下吊着一门大炮，轰轰炮响，炮口射出的鸭梨，打进了猎狗的嘴里，猎狗闪电般地跑上街道，爬上一棵柳树，偷吃树上的玉米。

16 这种一对一词组的记忆可以采用联想记忆的方法。

森林——电话：一次，我在森林

里迷路了，多亏带了电话，最终得救了。

杂志——冰箱：现代科技非常发达，杂志大小的冰箱已经诞生，所以人们经常带着杂志大小的冰箱去旅行。

碗——电视：大家吃完饭都想看电视，谁也不想洗碗。

小提琴——恐龙：我沉浸在小提琴演奏中，一睁眼竟然看到一只恐龙站在我面前，原来恐龙也喜欢听小提琴。

兴奋——犹豫：有一个投资项目让我很兴奋，但是多方考虑后又有些犹豫，不敢贸然投资。

倾国倾城——天涯共此时：中秋夜，人们都出来赏月，其阵势真可谓倾国倾城，大家还吟咏着"天涯共此时"的佳句。

黑客帝国——明眸皓齿：被黑客帝国选中的人，不仅要技术好，长得还要明眸皓齿。

音乐之声——汗牛充栋：音乐之声竟然使我面前的一头流汗的牛冲动（汗牛充栋），谁说不可以对牛弹琴！

采用联想的方法记忆要注意四个原则，即形象具体、生动、与自己相关、荒诞夸张。

⓱ 可通过十个阿拉伯数字的形象来与现实中的事物进行联想，既简单又形象。

⓲ 兴高采烈、垂头丧气、骄傲自大、英姿飒爽。

⓳ 6次。也许你只顾记住出入电梯的人数，就是忽略了简单的停梯次数，结果哑口无言，因此，记忆事物首先要明确记忆意图。

⓴ （1）足球。（2）桃子的上边是大象，下边是雪人，右边是足球，桃子的左边没有物品。（3）上边。

㉑ 可采用直接串连联想的方法，把多项内容串连起来进行记忆。如注入太平洋的河流可这样进行串连联想：我在太平洋保险公司工作，一次不小心将一项保险金的单据弄丢了，而公司的电脑也没有记录，有人告我贪污了该款，我真是跳进黄河长江也洗不清。于是四处寻找证明，在外面被太阳晒得又黑又聋讲（黑龙江）不出话，更是没工夫喝（湄公河）水。注入印度洋和北冰洋的河流也可以像这样进行串连联想。

㉒ 可以利用谐音加联想的方法进行记忆：右1=鱿鱼，左3=桌扇，左5=作物，右9=摇酒师，左0=左邻，右7=油漆。然后进行串联联想：鱿鱼被桌扇搅碎，桌扇上长出作物，作物被摇酒师用摇酒器打得粉碎，你的左邻看到了非

常高兴，一激动不小心淋了一身油漆。

㉓ 云猫。

㉔ （1）自行车、飞机、汽车。（2）哑铃。（3）空调、手机、电脑、冰箱。（4）飞机、汽车。

㉕ 可将购物清单里的所有物品进行分类。水果：香蕉、苹果；水产品：鲤鱼、大虾；洗浴用品：洗衣粉、香皂；干的食品：大米、白面、糖；蔬菜：白菜、西红柿；奶制品：牛奶、奶酪。

㉖ （1）三只猫。（2）第三站。（3）第三站。（4）没有。（5）大象上车，一只猫下车。

㉗ 记忆时注意技巧，有技巧才能记得又快又牢。

㉘ 可通过联想的方法进行记忆，在问题与答案之间建立某种联系，如"热"与"挤"；"暖流"与"没洗够"等，这样记忆起来相对简单且能保持长时间的记忆。

㉙ 二十四节气是中国古代订立的一种用来指导农事的历法，包括立春、雨水、惊蛰、春分、清明、谷雨、

芒夏、小满、芒种、夏至、小暑、大暑、立秋、处暑、白露、秋分、寒露、霜降、立冬、小雪、大雪、冬至、小寒、大寒。有一首歌谣简单易记：春雨惊春清谷天，夏满芒夏暑相连。秋处露秋寒霜降，冬雪雪冬小大寒。

㉚ 秦：嬴政；汉：刘邦；唐：李渊；宋：赵匡胤；元：忽必烈；明：朱元璋；清：努尔哈赤。

㉛ 可采用谐音记忆的方法，如 B 谐音记作"大笔"；m 谐音记作"小木头"，X 谐音记作"大叉"等。

㉜ 第四站。

㉝ （1）白兔。（2）皮皮。（3）黄猫。

㉞ 苹果（apple）作家（author）天使（angel）美国（America）

㉟ 此题考察的主要是短时记忆。

㊱ 7 月和 8 月，12 月和 1 月。

㊲ 可以用编故事的方法记忆这组数字：我（5）有十个（10）指头和一（1）个头（0），我（5）头上有（365）根头发，那是（87）年（8）月（25）号，下午（3）点（15）分长出来的。

第二篇 明察秋毫——观察训练营

① S，只有 S 是一笔写成的，其他字母都是三笔写成的。

② 答案：选 A，图是从右上角开始，顺时针按照英文单词 APPLE（苹果）的顺序排列的。

03 这是视觉错觉的问题，怎么看都没有问题，说明你的想象力不错。

04 如下图所示：

05 前六个字母是数字 1～6 的英文单词的第二个字母，下一个字母应是 E，也就是 seven 的第二个字母。

06 正确选项是 D。因为它们都是中心对称图形。

07 E。前后两个符号相互交换即可。

08 字母 M 是特别的。其他字母既是左右对称也是中心对称，字母 M 只是左右对称。

09 总共 13 个，小的 9 个，中的 3 个，大的 1 个。

10 月亮是特别的，因为它的对称轴是平衡线。

11 4。手绢上箭头的指向不同，1、2、3、5 号手绢的箭头都指向手绢的正中央，只有 4 号手绢的箭头指向手绢外部。

12 会感觉到以四个黑点为中心的圆圈在不停地转动。

13 除了大象之外，图片里还有长臂猿、马、狗、猫和老鼠。

14 左边的数字都是能被 6 整除的，除了 16，右边的数字都是能被 7 整除的，除了 53。

15 这幅图画犯了视觉透视错误。最左边的柱子是不可能跑到最前面来的。

16 相等。

17 B。每一行、每一列中都包含三种不同的图案。

18 这个阶梯的最高一级台阶同时也是最低一级台阶，因此，走在这个阶梯上，就会永无止境地走下去。

19 马头向右的是黑色的马和黑色的骑马人；马头向左的是白色的马和白色的骑马人。

20 蓝色部分和白色部分都是厨房用品。

21 红豆。

22 如下图所示：

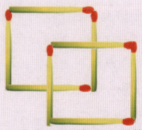

23 图中还有鹰头和骑马的印第安人。

24 A。图形是按照其所包含的直线的数量来排列的。

25 如果你数一数各个字母出现的次数，就会发现，字母"R"出现一次，"E"出现两次，"A"出现三次，"D"出现四次，"Y"出现五次。按照字母所出现的次数进行排序，就会得到单词"ready"（准备）。

26 图中的横线确实是平行线。

27 A。能够一笔画出。

28 15864。后三个数顺序不变，并看作一个整体，加上前两个数，倒序排列。

29 E。

30 ④。已知的图形都是由小图形排列组成的。

31 如下图所示：

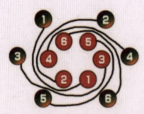

32 虽然图形看起来像螺旋，但其实它是一系列同心圆。

33 问号的地方填16。中间数字与右下角数字的乘积等于三角形中另外两个数的和。例如，2×7=5+9；4×7=12+16。

34 总共19个正方形。

35 6218。因为圆中其他数字都有与其对应的数字，例如7432与168（7×4×3×2=168）；6198与432；4378与672；9431与108。

36 相等，用周长公式计算。

37 将一个高的直边玻璃杯装满水，然后把这个玻璃杯放在硬纸板的前面，杯子里的水相当于一个透镜，透过透镜箭头的方向会发生改变。当你透过玻璃杯看箭头时，你会发现他指向了左边。

38 实际上，它们是由一条连续不断的线画成的。

39 选B。给出的图形都能够一笔画出来，选项中只有B能够一笔画出。

40 从视觉上感觉B线比A线更长一些，其实两条线一样长。

41 数字5。把每一行看作一个三位数，从上而下，分别是13、14、15的平方。

42 8个人形。

43 选D。图形B和图形C为图形A每次逆时针旋转90度所得。

44 会发现这根本是不可能的曲折。各个曲折都是与中间的平面垂直的，让人以为不应该出现相互连接的情况。

45 两个螺帽实际是中空的，虽然它们看起来是凸面的，但是事实上两个螺帽并不互相垂直。螺帽被下方光源照到（一般光线应来自上方），这给人们判断他们的真实三维形状提供了错误信息。

46 80。飞机上的数字存在着规律：24+67=91；45+38=83；所以第三架飞机上是69+11=80。

47 两种解读都能看到。但是在任何时候，你只能看见花瓶或者看见面孔。如果你继续看，图形会自己调换以使你在花瓶和面孔之间只能选择看到一个。

48 B。去掉一个最大数，然后倒序排列。

49 会发现有几个人坐在那里休息。

50 其实三角形的颜色在视觉上较周围略浅，是因为周围那三组弧线所引起的。

51 方块中的数字对角线相除，然后将得出的两个数字相乘，就得到中间的数字，所以答案是39。

52 A。将前面两个脸谱相同的部分留下。

53 在每个小正方形中，右下角的数字是其他三个数字之和，根据这个规律，问号处的数字是63。

54 A。注意旋转和数量的关系。

55 如下图所示：

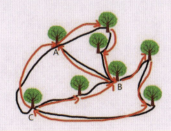

从A、B、C三点中的任意一点出发，都能一次且不重复地走完所有的树。上图所示是其中一种走法。

56 B图形与其他不一样，因为它是绿色的，而其他的是黄色的；A图形与其他不一样，因为它里面的数字是1，而其他的是5；C图形与其他不一样，因为它是圆形，而其他的是五角星。因此，D图形才是真正不一样的，因为它没有"不一样"的地方。

57 12、21、35、43、54。密码表示行数和列数的组合。

58 字母C。

59 3202。表格中的每一行中，前一个数字中的外面两位数相乘，其乘积是下一个数字的外面两位数字；前一个数字中里面的两位数相乘，其乘积就是下一个数字中的中间两位数。

60 左边方块中的数字变成右边方块中的数字，偶数就加1，奇数减1，所以，答案是687043。

61 19。这是质数的螺旋排列。而所谓质数就是指在一个大于1的自然数中，除了1和此整数自身外，不能被其他自然数（不包括0）整除的数。

62 如下图所示：

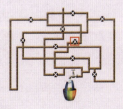

63 C和D。

64 一共 21 个，小的 15 个，大的 6 个。

65 44。数字表明了它所在的行数和列数的组合，如 21，即表示第二列，第一行。

66 631。其他的数字都是相连的，只有 631 不是。

67 如下图所示：

68

69 小偷是 A。仔细观察图片，窗户上的影子的胳膊是向后抬起的。

70 D。给定图形中汉字的笔画数依次为 1、2、3、4，最后找一个笔画数为 5 的即可。

71 要解释其中的奥秘其实很简单，这幅图利用侧影与着色让人产生神奇的视觉效果。

72 不是弯曲的，两条线是平行线。

73 以中间的 ● 为起点，右上角的 ●

为终点，按 ☆ 为顺序以箭头所指方向排列，所以问号处该填 ☆。

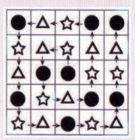

74 8。先标上 8 个英文字母在字母顺序表中所代表的序号，然后看其他三个数字你就会发现整个算式是呈顺时针方向进行减式运算，M 代表 13，E 代表 5，自然得出问号处就是 8 了。

75 内部的两个圆大小完全一样。当一个圆被几个较大的同心圆包围时，它看起来要比那个被一些圆点包围的圆小一些。

76 虽然端点看起来不连在一起，左边弯曲部分也显得比右边小一点，但其实图中是一个完整的圆。

77 首先仔细观察你会发现，这一组图片都是对称图形。所以，用物体盖住每张图片的一边，会看出这是阿拉伯数字 1、2、3、4、5 和 7 的变形。那么，横线上应该填上 "6" 的图形，如下图所示：

78 E音符与其他音符不同，因为其他音符都是通过旋转得来的，而E音符则是音符的镜像。

79 右边的一朵花是女人的嘴唇，蝴蝶是她的鼻子，茎叶组成了她的眉眼和脸部轮廓。

80 在左上侧的紫罗兰花下是一个侧脸的轮廓；右上方的大叶子下面是第二个侧脸的轮廓；最下面一朵紫罗兰花上面是第三个侧脸的轮廓。

81 3864。其他的数字千位加百位等于十位加个位。

82 21。从五角星的左上角开始顺时针先加后减，得到五角星中间的数字，即18+16－20+15－17=12。

83 如下图所示：

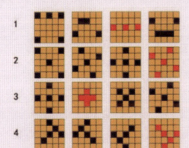

84 在这一问题上，"错误"这个词出现过3次。

也就是说，有3个"错误"。还有一个错误在哪里呢？原来只有3个"错误"，却说有4个，这就是另外一个"错误"。

85 312211。下一行是对上一行的解释，所以下一行是3个1，2个2，1个1，即312211。

86 C。通过（1）、（2）图形的变化，可以看出，原本是小圆的变成了大圆，是大圆的变成了小圆。另外在C、D的选择上，要仔细观察原图中圆与圆的位置。

87 选D。五个符号按照顺序沿着第一行移动，然后沿着第二行移动，以此类推。

88 11。逆对角线相乘的结果减去正对角线相乘的结果。

89 九张面孔。

第三篇 巧言善辩——文字演兵场

01 李根源先生只是拿起笔在蒋介石所回的两句电文中间标了一个对换位置的符号，这样就使电文的意思变成了"罪无可恕,情有可原"八个字。而这样一来，大特务沈醉和他的手下还以为这是蒋介石的命令，自然也就不会再迫害那些爱国民主人士了。

02 山中山路转山崖，山客山僧山里来。山客看山山景好，山杏山桃满山开。

03 将纪晓岚题的字"竹苞堂"拆开来看便是"个个草包"。由于和珅不懂文墨，自然看不出其中深意，误以为好，结果却上了纪晓岚的当了。

04 1 滴水永；2 滴水冰；3 滴水江；4 滴水泗；6 滴水洲；10 滴水汁；11 滴水汗。

05 心、驱、木、毫、之、民、不、生、然。

06 口字外加二笔的字很多，t 如叭、古、右、叮、叶、可、叵、只、兄、叽、句、叱、台……

07 一手遮天；一览无余；一本万利；三头六臂；顶天立地；口若悬河；气吞山河；一步登天；一手遮天；一毛不拔

08 地主说："方才那句话是无稽（鸡）之谈，此刻这句话则是见机（鸡）行事。"

09 蚕为天下虫。

10 "院子方方正正像口字，把树砍掉，人住在里面，不就是'囚'字吗？更不吉利。"

11 纪晓岚将那古诗改为：

十年久旱逢甘雨，
万里他乡遇故知。
和尚洞房花烛夜，
寒儒金榜题名时。

这四句诗在前面各加了两个字，把高兴的心情更加突出来了。特别是"和尚洞房花烛夜"一句，更是突出。因为和尚是不能结婚的，现在却结婚了，喜悦之心可想而知。

12 生死攸关，羽扇纶巾；
完璧归赵，云开见日；
千疮百孔，明察秋毫（明察暗访）；
信口雌黄，盖世无双；
剑拔弩张，飞黄腾达；
不肖子孙，权倾天下。

13 枪。

14 依次为"一、二、三、四、五、六、七、八、九、十"十个数字。

15 水上一鸥游。

16 深、年、月、鱼、雁、泪、落、白、局、天。

17 以其人之道，还治其人之身—身体力行—行若无事—事在人为—为所欲为—为富不仁—仁至义尽—尽心竭力—力不胜任—任重道远—远走高飞—飞沙走石—石破天惊—惊天动地—地利人和—和睦相处—处心积虑

醉生梦死—死去活来—来去自如—如花似玉—玉树临风—风调雨顺—顺手牵羊—羊肠小道—道听途说—说长道短—短兵相接—接二连三—三言两语—语重心长—长驱直入—入不敷出—出其不意—意气风发—发扬光大—大

材小用—用兵如神—神采飞扬—扬眉吐气—气象万千—千军万马—马到成功—功败垂成—成千上万—万古长青—青红皂白—白日做梦—梦寐以求—求同存异—异想天开—开天辟地

⑱ 井。

⑲ 知止而后有定，定而后能静，静而后能安，安而后能虑，虑而后能得。

⑳ 阿凡提说:"看来，我没有你那么馋。要不然你怎么连瓜皮都吃了呢？"

㉑ 直来直去；一声不响；坐立不安；坐井观天；事半功倍；合不拢嘴；一步登天；投笔从戎

㉒

入口

山	量	力	而	惊	人	天	久	别	重
穷	水	尽	为	鸣	定	胜	地	难	逢
水	心	而	人	一	如	天	长	化	凶
到	事	足	师	表	里	不	安	吉	祥
渠	成	不	及	出	事	相	天	人	如
福	得	祸	因	有	无	安	开	想	意

出口

㉓ 这是孙髯题昆明大观楼长联。长联才情横溢，气势恢宏，状物写情，令人叫绝，被誉为"古今第一长联"、"海内第一长联"、"天下第一长联"。

五百里滇池，奔来眼底。披襟岸帻，喜茫茫空阔无边。看：东骧神骏，西翥灵仪，北走蜿蜒，南翔缟素。高人韵士，何妨选胜登临。趁蟹屿螺洲，梳裹就风鬟雾鬓；更苹天苇地，点缀些翠羽丹霞。莫辜负：四围香稻，万顷晴沙，九夏芙蓉，三春杨柳。

数千年往事，注到心头。把酒凌虚，叹滚滚英雄谁在？想：汉习楼船，唐标铁柱，宋挥玉斧，元跨革囊。伟烈丰功，费尽移山心力。尽珠帘画栋，卷不及暮雨朝云；便断碣残碑，都付于苍烟落照。只赢得：几杵疏钟，半江渔火，两行秋雁，一枕清霜。

㉔ 一不要钱，嫌少；二不要命，嫌老；三不要官，嫌小；四不要名，嫌臭。

㉕ 彬。

㉖ 如下图所示：

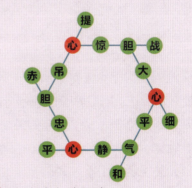

㉗ 香莲碧水动风凉，
水动风凉夏日长，
长日夏凉风动水，
凉风动水碧莲香。

28 佛印回答道："东坡吃草。"

29 原来他写的是"主要入口"，大家一看以为从这里进去才能买东西，就纷纷过来了。

30 亮、哀、变、兵、到、成、就、论、半、半、人、人。

31

32 一、二、三、四、五、六、七、八、九、十、百、千、万。

33 八十一；八十八；八十一；九十九。

34 口。

35 横向：一、近在眼前；二、大梦；三、泥石流；四、马上相逢无纸笔；五、张冠李戴；六、议论文；七、李敏镐；八、联合会杯；九、书签；十、宏观调控；十一、富坚义博；十二、千锤百炼；十三、会诊。t

纵向：1. 泥人张；2. 李彦宏；3. 钻石；4. 李昌镐；5. 调音锤；6. 马戴；7. 在路上；8. 议定书；9. 杨炼；10. 相对论；11. 文联；12. 富士山；

13. 张无忌；14. 社会主义社会；15. 梦溪笔谈。

36 横向：一、星际迷航；二、飞鸟集；三、玉兔号；四、南拳北腿；五、沉香屑；六、声东击西；七、叶江川；八、是非题；九、住房公积金；十、陶菲克；十一、梦话；十二、长征组歌；十三、斯宾塞；十四、屠娇娇。

纵向：1. 金玉其外；2. 叶圣陶；3. 菲律宾；4. 星号；5. 赖声川；6. 迷踪拳；7. 北大西洋公约组织；8. 绑腿；9. 沉默是金；10. 鸟语花香；11. 梦特娇；12. 题外话。

37 "日"字。

38

木	其
口	土
木	
子	亥

39 不愤不启；不丰不杀；不尴不尬；不管不顾；不哼不哈；不即不离；不疾不徐；不骄不躁；不今不古。

40 窝头、火腿、点心。

以"穴"打"窝头"，"人"打"火腿"，以"口"打"点心"。

41 这四道菜是唐代诗人杜甫的一首七言绝句：两个黄鹂鸣翠柳，一行白鹭上青天，窗含西岭千秋雪，门泊东吴万里船。

42 "花甲"指60岁，"花甲重逢"为120岁，"三七岁月"为21岁，两者相加为141岁；"古稀"指70岁，"古稀双庆"为140岁，"一度春秋"为1岁，两者相加为141岁。

43 不，失，寡，乐，言，理，壮，云，穴，浪，山，水，霄，旦，间，容，扬。

44 人云亦云　路人皆知　黄雀在后　穷途末路　威风凛凛　后悔莫及　走为上计　有去无回

45

识	常	平	面	起	来	朝
所	住	和	面	点	头	脑
言	格	体	字	数	口	袋
论	乐	气	活	生	信	心
文	章	品	物	书	念	境
字	节	省	国	者	作	界
展	笔	亲	名	景	风	雨
开	始	终	年	纪	船	仓
演	目	点	要	录	鱼	类

46 1.（二）龙戏珠＋（一）鸣惊人＝（三）令五申

（零）敲碎打＋（一）来二去＝（一）事无成

（三）生有幸＋（一）呼百应＝（四）海升平

（七）步之才＋（一）举成名＝（八）面威风

2.（十）全十美－（一）发千钧＝（九）霄云外

（八）方呼应－（一）网打尽＝（七）零八落

（六）亲不认－（一）无所知＝（五）花八门

（双）管齐下－（一）孔之见＝（一）落千丈

47 一波未平，一波又起；

一夫当关，万夫莫开；

十年树木，百年树人；

只可意会，不可言传；

成事不足，败事有余；

宁为玉碎，不为瓦全；

机不可失，失不再来；

有则改之，无则加勉；

道高一尺，魔高一丈；

言者无罪，闻者足戒。

48

井	夫	王	午
丰	天	五	无
开	月	元	仁
牛	手	毛	云

49 参考译文：

《施氏吃狮子记》

参考译文"有一位住在石室里的诗人叫施氏，爱吃狮子，决心要吃十只狮子。他常常去市场看狮子。十点钟，刚好有十只狮子到了市场。那时候，刚好施氏也到了市场。他看见那十只狮子，便放箭，把那十只狮子杀死了。他拾起那十只狮子的尸体，带到石室。石室湿了水，施氏叫侍从把石室擦干。石室擦干了，他才试试吃那十只狮子。吃的时候，才发现那十只狮子，原来是十只石头的狮子尸体。试试解释这件事吧。"

50 看。两句话组合起来就是"皇上坐在龙椅上看老鼠抓猫"。

51 谜底是"千方百计"，意思是1000的平方由100来计算；
一成不变；
三五成群；
得寸进尺；
丢三落四；
七零八落。

52 谜底是水壶。

53 五人八日去九龙取金。电文中的每个字都可以分为上下两部分，只取每个字的上半部分。

54

挥	洒	自	如	释	重	负	荆	请	罪
停	来	者	不	拒	谏	饰	非	驴	
不	而	接	耳	鬓	厮	磨	杵	非	
手	源	头	论	功	行	赏	成	马	
谁	源	交	之	罪	不	心	针	首	
死	桃	之	心	诛	容	乐	锋	是	
鹿	外	面	半	功	倍	事	相	瞻	
逐	世	百	芳	流	如	答	对	前	
原	中	慧	外	秀	之	起	后	顾	

55 豆萁燃豆，讹以传讹；
分久必合，合久必分；
来者不善，善者不来；
欺人自欺，亲上成亲；
人不犯我，我不犯人；
仁者能仁，日慎一日，数不胜数。

56 回光返照、供不应求、对症下药；
返老还童、鼎足而立、丢三落四；
此起彼落、当局者迷、触目惊心；
明火执仗。

57 蒋子龙立即答道："你怎么放进去，我就怎么拿出来。你显然是仅凭嘴一说就把鸡装进了瓶子，那么我就用语言这个工具再把鸡拿出来。"

58 是翠字。
翠者，羽卒也。项羽卒则刘邦笑，关羽卒则刘备哭。

59 分别是龟、金鱼、大雁、燕子、凤凰、猿、蜻蜓、老虎、龙、喜鹊。

60 安。谜面的意思是：生日宴的宴字，去掉"日"是安。

61 缝衣服的针。

62 回帖是：若是收，便是贪财；若是不收，便是看不起。

63 一个"早"字，一个"免"字。早行节俭事，免过淡泊年。

64 柏木棺材一副，八人抬上山。

第四篇 心中有"数"——计算挑战赛

01 第一种沙发的单价是1300元，第二种沙发的单价是900元，第三种沙发的单价是1800元。假设第一种沙发的价格减少400元，那么，第一种沙发就会和第二种沙发的单价相同，这时，将三种沙发的总价减少400元，就变成了3600元，3600元是4个第二种沙发的总价。所以，3600÷4=900，900×2=1800，900+400=1300。

02 列一个简单的等式就可以解出：1块砖头=1公斤+1/2块砖头，得出1块砖头=2公斤。

03 不对。因为共有10棵树，树与树间隔共9段，每段3米。所以从第一棵树到最后一棵树之间共长27米。

04 92页。如果认为从第20页～25页共有6页，那么从100里减去6就是94页，那就错了。纸是有正反两面的，所以不可能只脱落其中的一面，既然第20页脱落了，那么第19页也必定脱落。

同理第25页脱落了，那么背面的第26页必然随之脱落。综上所述，应该是从19页至26页共8页脱落了。即100－8=92。

05 共有20个"8"。要注意80到89的范围内就有11个"8"。

06 公园里有4只大象、31只鸵鸟。因为管理员算出有35个头，所以这些动物最少有70条腿。但是，他算出的腿却有78条，也就是比最少的数目多了8条腿，因此，多出的腿必定是大象的。8除以2便是4条腿的动物的数量，则大象数量是4。

07 一共走了45米。

08 60岁。假设老人的整个寿命为X年，那么，他的孩童时期为1/4X，青年时期为1/5X，成年为1/3X，老年时期为13年，因此得到等式1/4X+1/5X+1/3X+13=X，则X=60。

09 乌鸦有4只，树枝有3个。

10 1. 将大桶装满水，倒入小桶，大桶剩下2升水；

2. 将小桶中的水倒掉，把大桶中剩下的2升水倒入小桶中；

3. 大桶再次装满水，将水倒入小桶中，直至小桶装满，此时大桶中剩下4升水。

11 杰克说的对，书的右边是单数页码，左边是双数页码，右边页码都比左边页码多一个，根据单数+双数=单数的规律，可以判断左右两页页码的和一定是单数。

⑫ $\dfrac{5832}{17496} = \dfrac{1}{3}$

⑬ 可供9个停电的晚上使用。因为40个蜡烛头可以做成8支蜡烛,8支用完后又可做成1支。

⑭ 加尔文赔了4元钱。他在第一次雕像交易中赚了18元(198元除以11就是10%的利润)。然而,在第二次雕像交易中他却赔了22元(198元除以9就是10%的损失)。这样,赔的22元减去赚的18元就是损失的钱。

⑮ 甲有5两银子,乙有11两银子,丙有13两银子。

⑯ 9+8+7+6+5+43+21=99。

⑰ 0,因为(x-x)=0,任何数和0相乘都得0。

⑱

⑲ 72厘米。

⑳ 如下图所示:

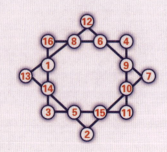

㉑ 最多可能有7个人,最少一个也没有。

㉒ 🌙=7　⭐=17　❤=3　😊=11

㉓ (2×4)+5=13,(3×4)−12=0,4÷2×5=10,3+12÷6=5,5−12÷6=3。

㉔ 一块钱,先买10个桃,得到10个桃核。

用9个桃核换3个桃,得到3个桃核,加上多的1个,可以得到4个桃核。

用3个桃核换1个桃,得到1个桃核,加上多的1个,可以得到2个桃核。

找人借一个桃核,用3个桃核,换一个桃,得到一个桃核,将这个桃核还给别人。

所以,共能吃10+3+1+1=15个桃子。

㉕ 这个数字是2521。

㉖ 用4升瓶里的果汁分别把1.5升瓶和2.5升瓶倒满;把1.5升瓶里的果汁倒回4升瓶里,用2.5升瓶里的果汁把1.5升瓶倒满;把1.5升瓶里的果汁倒回4升瓶中;并把2.5升瓶中的1升倒回1.5升瓶中;用4升瓶中的3升把2.5升瓶倒满;

然后用 2.5 升瓶中的果汁把 1.5 升瓶倒满；把 1.5 升瓶中的果汁倒回 4 升瓶中。这时，4 升瓶和 2.5 升瓶中的果汁都是 2 升的，正好平均分配。

27 合在一起就变成一堆了。

28 11111×11111=123454321

111111×111111=12345654321

29 一天有 24 小时，那么在一个小时里储水箱可以装第一个水龙头灌的 1/48，第二个水龙头灌的 1/72，第三个水龙头灌的 1/96 和第四个水龙头灌的 1/6。因此，一个小时里储水箱总共灌了 1/48+1/72+1/96+1/6=（6+4+3+48）/288=61/288。那么储水箱将需要 288/61 个小时，就是 4 小时 43 分和大概 17 秒。

30 乘客车厢每个 4 元，3 个就是 12 元；货物车厢每个 0.5 元，15 个就是 7.5 元，煤炭车厢每个 0.25 元，2 个就是 0.5 元。这些费用加起来刚好是 20 元。

31 如下图所示：

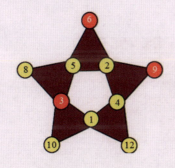

32 假设所有的陶瓷花瓶都没有破，安全到达了目的地，那么运输公司应该得到 2000 元的运费，但是运输公司实际得了 1760 元，少得了 2000－1760=240 元，说明运输公司在运送的过程中打碎了花瓶。

打碎一个花瓶，会少得运费 1+5=6 元，现在总共少得运费 240 元，从中可以得到一共打碎了 240÷6=40 个花瓶。

33 现在是晚上 9 点。

34 这堆桃子至少有 3121 个。

第一只猴子扔掉 1 个，拿走 624 个，余 2496 个；

第二只猴子扔掉 1 个，拿走 499 个，余 1996 个；

第三只猴子扔掉 1 个，拿走 399 个，余 1596 个；

第四只猴子扔掉 1 个，拿走 319 个，余 1276 个；

第五只猴子扔掉 1 个，拿走 255 个，余 4 堆，每堆 255 个。

35 这个三位数字是 504。

36 答案选 C。大图形是 5 个长方形的面积之和，最后结果必定能够被 5 整除，四个选项中只有一个能够被 5 整除。

如果设长方形的长和宽分别为 X 和 Y，则可以得出关系式：2X=3Y，

X+4Y=44，通过关系式也可算出，但是速度比较慢。

37 每次从甲口袋中拿出 2 个玻璃球，那样的话白玻璃球只会有两种结果：少 2 个；一个不少。

同样道理，黑玻璃球也只有两种结果：少 1 个；多 1 个。

根据以上可知：如果白玻璃球数量为单数，那么最后 1 个白玻璃球是永远拿不出去的（除了最后一次），剩下一黑一白玻璃球的几率为 100%。

如果白玻璃球为双数，那么白玻璃球就会剩 2 个或 1 个不剩，剩下一黑一白玻璃球的几率为 0。

38 把数字 2 移到乘方的地方就可以让等式成立了：$101-10^2=1$。

39 10 点时两个修士撞钟需要 56.25 秒。

40 阴影部分的面积是 20 平方厘米。把正方形剪切组成一个十字形状，正方形的总面积等于 5 个正方形。如下图所示：

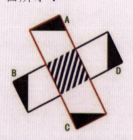

41 因为每个人所能分得的财产与各自服务的时间长短有关。女佣人分得一份财产，会客室的那个仆

人分得三份遗产，厨师则分得了六份遗产。这样，总共有十份，7000 元的 1/10 为 700 元。所以，那个女仆人得 700 元，会客室的那个仆人得 2100 元，厨师得 4200 元。

42 163。这是一个数列：$6×2+3=15$，$15×2+5=35$，$35×2+7=77$，$77×2+9=163$。

43 如下图所示：

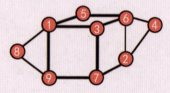

44 大、中、小可以有几种情况：（2、30、68），（5、25、70），（8、20、72），（11、15、74），（14、10、76），（17、5、78）。

45 （1）9567+1085=10652。
（2）1089×9=9801。

46 按题目要求循环数的时候，是以 8 为循环的。1 000 正好能被 8 整除，所以数到第 1 000 根时与数到第 8 根手指时的位置是一样的，即为食指。

47

48 商人最初就只有两个钱币。

49 六种，分别如下：

$9+2\div4+358\div716=10$

$9+4\div8+176\div352=10$

$9+4\div8+356\div712=10$

$7+3\div2+981\div654=10$

$6+4\div2+718\div359=10$

$6+4\div2+358\div179=10$

50 4 个数的唯一解法：

$1+1+2+4=1\times1\times2\times4$；

5 个数字的 3 种解法：

$1+1+1+2+5=1\times1\times1\times2\times5$；

$1+1+1+3+3=1\times1\times1\times3\times3$；

$1+1+2+2+2=1\times1\times2\times2\times2$。

51

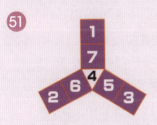

52 甲所剩下的子弹占两人开始时子弹总数的 1/5，或者占甲原来子弹总数的 2/5。甲的原子弹数在增加 20 个之后，就变成原来的 6/5；20 个子弹占原来的 1/5，所以，每个人在开始之前各有 100 个子弹，而当游戏结束时，甲有 40 个子弹，乙有 100 个子弹。

53 $2+2\times2-2\div2=5$

$3\times3-3-3\div3=5$

$4+4-4+4\div4=5$

$5-5+5-5+5=5$

54

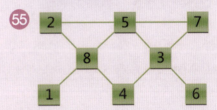

55

2	—	5	—	7
		8	3	
1	—	4	—	6

56 假设，N 就是左撇子同时也是右撇子的学生人数。

7N 的人是左撇子，9N 的人是右撇子。那么 N+6N+8N=15N 即是全班的学生人数。而右撇子占学生总数中所有的比例是 9N/15N，即 3/5，超过班上一半的人数。

57 改为：$1+2+3+4+5+6+7+8\times9=100$。

58 10 秒。第一次相当于在 0 秒的时候敲的，2 声耗时 1 秒，3 声耗时 2 秒，依此类推。

59

$$\begin{array}{r} 98765432 \\ \times \qquad 9 \\ \hline 888888888 \end{array}$$

60 可以回到出发点，一共走了 24 米。

61 这个数是 2519。

62 喝这三瓶啤酒的人数为 2 人、3 人、6 人。即第一瓶两人喝，每人平均喝半瓶；第二瓶 3 人喝，每人平均喝 1/3 瓶；第三瓶 6 人喝，每人平均喝 1/6 瓶。其中一个人三瓶都喝了。加起来的量（1/2 + 1/3+1/6）正好是一瓶。

63 857142。

64 不能简单地认为王户应得 5 元，李户应得 4 元。应该知道，王李两户所做的工作中，除帮张户外，还有他们自己的任务。很明显，每户的工作量为 3 小时。王帮张干了 2 小时，李帮张干了 1 小时，王帮张的工作量是李帮张的 2 倍，得到的报酬当然也应该是李的 2 倍。因此，王应得 6 元，李应得 3 元。

65

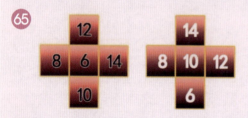

66 小男孩 5 岁了。

67

	5	3	
2	8	1	7
	6	4	

68 （ 5 ）+（ 4 ）=（ 9 ）
（ 8 ）−（ 1 ）=（ 7 ）
（ 2 ）x（ 3 ）=（ 6 ）

69 （1）27；（2）36；（3）45；（4）54；（5）63；（6）72；(7)81。

70
```
   62174
 + 62980
 --------
  125154
```

71 两个数字位置相调换的数，它们之差总是 9 或者 9 的倍数。根据题目的全部条件不难看出，只有在他们的差值是 9 的情况下条件才能实现。

因此，甲的年龄是 54 岁，乙的年龄是 45 岁，丙的年龄是 4.5 岁。

72 1. 每个字母有 26 种可能，每个数字有 10 种可能，那么密码的可能性有：$P=26×26×26×10×10×10=17\,576\,000$ 种；

2. $P=26×25×24×10×9×8=11\,232\,000$ 种；

3. $P=1×25×24×10×9×8=432\,000$ 种。

73 四份分别是 8、12、5、20。

设最后都为 x，则第一份为 x − 2，第二份为 x+2，第三份为 x/2，第四份为 2x，总和为 45，求得 x=10。这样就可以知道原来每一份各是多少了。

74 要用 4 年。第一年新生入学数是 400 人，第二年是 500 人，第三年是 600 人，第四年是 700 人。而在第四年，二年级学生为 600 人，三年级是 500 人，共计 1800 人，增加了 900 人。

75 假设第一个工人玉米的数量为 X，两个连续的工人的玉米相差的数量为 d，可以列两个等式：

5X+10d=100

7（2X+d）=3X+9d

所以得出答案，第一个工人得 10/6 份玉米；第二个工人得 65/6 份玉米；第三个工人得 120/6（20）份玉米；第四个工人得 175/6 份玉米；第五个工人得 230/6 份玉米。

76 根据题意可以知道，三兄弟以往分配的比例应该为 9∶12∶14，因此，770 颗糖果也是按照这个比例进行分配，大哥分到 198 颗，二哥分到 264 颗，弟弟分到 308 颗。

77 选择 B 公司。

肯定是哪一个公司收入高就选择哪一家，为了保险起见，还是要实际计算一下年收入，以利于比较。

第一年

A 公司：100 万元。

B 公司：50 万元 +55 万元 =105 万元。

第二年

A 公司：120 万元。

B 公司：60 万元 +65 万元 =125 万元。

第三年

A 公司：140 万元。

B 公司：70 万元 +75 万元 =145 万元。

显然，在 B 公司有利，在 B 公司每年多收入 5 万元。

78 他买的是相同的东西，每个 15 元，他掏出 100 元让售货员给他找零钱。

79 281。将题中的数字颠倒后得出 112、126、140、154、168，它们都是 14 的倍数，分别是 8 倍、9 倍、10 倍、11 倍、12 倍，因此接下来应该是 14 的 13 倍，即 182，然后颠倒数字顺序就是 281。

80 壶中原有 7/8 斗酒。

设：壶中原有 x 斗酒。

一遇店和花后，壶中酒为：2x − 1；

二遇店和花后，壶中酒为：2（2x − 1）− 1；

三遇店和花后，壶中酒为：2[2（2x − 1）− 1] − 1；

因此，有关系式：2[2（2x − 1）− 1] − 1 = 0；

解得：x=7/8。

81 有三种解，分别是：

公鸡 4 只，母鸡 18 只，小鸡 78 只。

公鸡 8 只，母鸡 11 只，小鸡 81 只。

公鸡 12 只，母鸡 4 只，小鸡 84 只。

82 在某一时刻，让两个沙漏同时开始测量。等 6 分钟的沙漏空了之后，立刻将它翻转过来，等 8 分钟的沙漏空了之后，再把 6 分钟的沙漏翻转。这时沙漏里的沙子正好可以流动两分钟，等它也漏空后，全部的时间正好是10分钟。

83 9个垫圈等于一个螺钉的重量。

84 总共需要105个苹果。每行的苹果数＝行数的平方＋上一行苹果的个数，所以第五行的苹果数是52+30=55，因此所用的苹果的总数为1+5+14+30+55=105个。

85 共需30美元。乙、丙、丁每人拿出10美元给甲就可以了。

86 如下图所示：

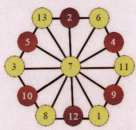

87 根据题意，可知A=3B=4C=5D=6E，又因为A、B、C、D、E都是整数，所以A要同时能被3、4、5、6整除，因此，A的最小值为3×4×5=60，则A=60，B=20，C=15，D=12，E=10，最小的香蕉总数为A+B+C+D+E=117个。

88 A桶中原来有66升葡萄酒，B桶中原来有30升葡萄酒。

89 数字C最小。由已知条件可得：① A+B＞C+D；② A+D＞B+C；③ B+D＞A+C。因此，由① ＋②可知A＞C；① ＋③可知B＞C；②＋③可知D＞C，所以，最小的是C。

90 90%的账面价值与125%的账面价值之间差了35%。因为35%相当于105元，所以1%就是3元。因此，原账面价值等于300元。

91 智者从自己家里带来一头牛，加在一起共18头。这样，分给老大的1/2，是9头；分给老二的1/3，是6头；分给老三的1/9，是2头；这时正好还剩下智者带来的那一头牛，所以他又把自己的牛牵回去了。最后，牛按遗嘱得到了合理分配。

92 9－8+7+65－+32－1=100
9+8+76+5+4－3+2－1=100
9+8+76+5－4+3+2+1=100
9－8+76－5+4+3+21=100
9－8+76+54－32+1=100
98－7+6+5+4－3－2－1=100
依此组合即可。

93 40分钟。
假设分针速度为1，则时针速度就为1/12。依题意，小天回来时，分针共比时针多走了110°+110°=220°，相当于220÷30=22/3（大格），所以有：(22/3)÷(1－1/12)=8(大格)。8×5=40(分钟)，即小天出去了40分钟。

94 狮子一小时吃半只羊，熊一小时

吃 1/3 只，狼一小时吃 1/6 只，那么一小时它们就能吃完了。

95 M 是 5。

96 计算器上会显示"666666"，其实诀窍就在于 15873×7=111111。

97 如果你的答案是"甲领先 20 米取胜"，那就错了。

甲和乙的速度之差是 10%，乙和丙的速度之差也是 10%，但以此得不出甲和丙的速度之差是 20% 的结论。

如果三个人在一起比赛，当甲到达终点时，乙落后甲的距离是 100 米的 10%，即 10 米。而丙落后乙的距离是 90 米的 10%，即 9 米。因此，如果甲和丙比赛，甲将领先 19 米。

98 30 天。注意第三天是原来的多少，1/2×2/3=2/6=1/3。第四天是原来的 1/3×3/4=3/12=1/4。科学归纳法类推：第 n 天时还剩下 1/n 瓶。可以根据直觉，计算完第三天直接抓住本质，第 n 天时，还剩下 1/n 瓶，不用再计算，答案就是 C。

99 如下图所示：

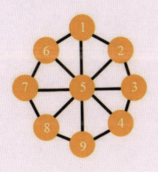

100 随口答出 48 秒的人是没有认真思考的。从 1 层到 4 层和从 4 层到 8 层是否一样呢？当然不一样。1 层到 4 层只走了 3 层楼梯，而从 4 层到 8 层却要走 4 层楼梯。48÷3=16 秒，是走一层用的时间。从 4 层到 8 层用的时间应为

16×4=64 秒。

101 如下图所示：

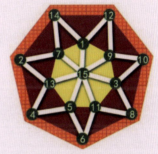

102 19 天。

因为蜗牛每个昼夜要上爬 2 米，并下滑 1 米，所以它实际爬 1 米。因此，在第 19 天的白天，他可以爬出深井。

103 利用反向思维从剩下 8 块巧克力算起。因为桌上剩下的巧克力是第三个旅行者醒来时的 2/3，所以他醒来时，桌上的盘子内会有 12 块巧克力；同样地，这 12 块巧克力是第二个旅行者醒来时的 2/3，所以他醒来时，盘子里面有 18 块巧克力；这 18 块巧克力是第一个人醒来时的 2/3，这就是说盘子里原来有 27 块巧克力。

104 23 个。这道题的解法很多，我们

141

只根据一种方法来讲解。由条件知，这个数除以3和7都余2，能被3和7同时整除的最小数为21。那么这些物品至少就为21+2=23。

105 在第121号楼房和编号开始处之间有120栋楼房，相应地就有120栋编号大于294的楼房。

因此，街道两旁的楼房共有294+120=414栋。

106 他们的年龄是17岁、28岁、39岁和43岁。

107 有6种，分别是：1的234次方，1的243次方，1的324次方，1的432次方，1的423，1的342次方。

108 如下图所示：

109 奈尔每次都在前一次的基础上降价20%，所以最后的售价是563.20元。

110 由"每个人都吃了4块巧克力糖。这时三人所剩的巧克力糖的总数恰好与开始时每人分得的巧克力糖的数量一样多。"我们可以得知，三人所剩的巧克力糖的总数，其实是开始分糖时总数的三份中的一份，已经吃掉的是三份中的两份。

而吃掉的这两份糖的数量是：
4×3＝12（块）
三份中的一份是：
12÷2＝6（块）；
所以，三份（也就是半包）巧克力糖的数量是：
6×3＝18（块）。

111 题中的4种数法都是缺少一个橘子，那么如果加上1个橘子的话就可以整除5、4、3、2这四个数了。也就是说这个数加上1就是5、4、3、2的最小公倍数，也就是120。

112 巨人的身高是3米，所以他的头顶走过的圆，半径增加3米。都用"千米"做长度单位，半径增加的数量就是0.003千米。

取圆周率的近似值为3.14，那么：
两圆周长的差=3.14×2×（6371+0.003）－ 3.14×2×6371=0.01884（千米）=18.84（米）。

113 解答这道题最好是倒过来想，倒过来算：

长女既然得到的是最后剩下的牛的"半数"再加"半头"，结果1头都没杀，也没有剩下，那么，她必然得到的是：1头。

次子：长女得到的牛是次子的一半，那么，次子得到的牛就是长女的2倍：2头。

长子：次子得到的牛是长子的一半，那么，长子得到的牛就是次子的2倍：4头。

妻子：长子得到的牛是妻子的一半，那么，妻子得到的牛就是长子的2倍：8头。

把4个人得到的牛的头数相加：1+2+4+8=15，可见，农夫留下的牛是15头。

（114）37，37，37。计算如下：37×3=111，37×6=222，37×9=333。

（115）他有27颗红宝石。因为他共有59颗宝石且59是9的倍数加上4的倍数，所以，从59中一直减去4，直到余数是9的倍数，得27，所以，他有27颗红宝石。

（116）11+10+9+8+7+6+5+4+3+2+1=66次。

（117）129瓶。

129/5=25余4，喝完之后可以换回5瓶，最后再换一瓶，再喝完这一瓶加上前面余下来的4瓶又可以换一瓶，这样总共就喝了129+25+5+1+1=161瓶啤酒。

（118）猎豹不能追上羚羊。

羚羊跑100步刚好完成这段路程的来回，而猎豹却相反，它不得不跑到102米再回头，因为它33步到达99米，必须再跑1步，那样就超过了端线2米，所以猎豹必须跑68步才能完成全程，但猎豹的速度只有羚羊的2/3，所以羚羊跑了100步的时候，猎豹还没有跑完67步。

（119）得到桌子的三个人每个人拿出1000元，一共就是3000元，将这3000元平均分给两个人，也就是每个人拿到3000/2=1500元，所以一张桌子的价格应该是1000+1500=2500元。

（120）证明如下：

10+10+5+7=32。

答案就是10个泡泡。

（121）33。第一列的数乘以第二列的数，再加上第三列的数，等于第四列的数。

（122）7个年轻人要隔许多天才能在餐厅里相聚一次，这个天数加1需能被1~7之间的所有自然数整除。1~7的最小公倍数是420，也就是说，他们每隔419天才能相聚于餐厅。因为上一次相聚是在2月29日，可知这一年是闰年。那么第二年2月份就只有28天一种可能。由此推出，他们下一次相聚是在第二年的4月24日。

（123）如下图所示：

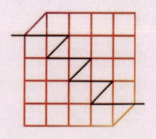

124 办不到。因为从第一个杯子里放1枚棋子算起，要想数目不同只能是把2、3、4……放入相应的杯子里，这样得出15只杯子全不相同，最少所需的棋子数是1+2+3+4……+15=120，现在只有100枚棋子，当然是不够装的，所以必然会出现装相同数量棋子的杯子。

125 不正确。随便答而答对的几率有三分之一，这三分之一是针对扣除了他有把握答对的六道题的二十四道题来说的。所以几率上来说，他答对的题目总共有十四题（六加八），因此，他没办法及格。

126

				24
1	0	3	8	12
0	4	7	1	12
2	3	9	9	23
6	1	1	6	14
09	08	20	24	20

127 如下图所示：

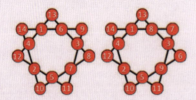

128 如下图所示：

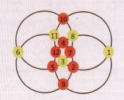

129

7	4	9	8	5	6	2	1	3
6	3	2	9	4	1	5	9	8
8	1	5	7	3	2	4	9	7
9	6	3	4	1	8	7	5	2
4	5	7	3	9	2	1	6	9
3	9	4	5	7	9	3	2	1
1	7	6	9	2	8	9	4	5
5	2	8	1	6	4	3	7	9

130

2	3	5	8	1	4	7	9	6
7	6	4	9	3	2	8	1	5
9	8	1	6	7	5	3	2	4
3	1	6	4	2	8	9	5	7
8	4	7	1	5	9	6	3	2
5	9	2	7	6	3	1	4	8
6	5	3	4	9	1	2	7	8
1	7	9	2	8	7	5	6	3
4	2	8	5	4	6	9	8	1

131

7	9	1	3	6	8	5	2	4
3	2	4	9	1	5	6	8	7
5	6	8	7	4	2	1	9	3
4	1	7	2	9	6	3	5	4
9	8	5	1	3	7	2	4	6
6	3	2	8	5	4	9	7	1
2	7	6	4	8	1	3	5	9
8	5	3	6	7	9	4	1	2
1	4	9	5	2	3	7	6	8

132

4	3	7	5	1	2	9	6	8
6	5	2	3	9	8	4	1	7
9	1	8	7	6	4	3	2	5
3	9	6	8	2	5	7	4	1
7	4	8	9	3	1	2	5	6
1	2	5	6	4	7	3	9	3
5	8	3	2	4	6	1	7	4
9	7	4	1	5	3	6	8	2
2	6	1	4	7	8	4	5	9

133

5	4	9	6	1	3	6	2	8
3	1	2	9	8	7	5	6	4
8	6	7	2	4	5	3	9	1
6	3	8	4	5	9	4	1	7
2	9	4	8	1	6	9	3	4
7	5	1	3	7	2	8	4	5
9	5	1	4	3	2	7	8	6
7	2	6	5	9	1	8	4	3
4	8	3	7	9	6	2	5	1

第五篇 缜密分析——逻辑大转盘

01 只要问其中一个守门人："你认为另一个守门人会说他守的是生门还是死门？"就可以知道哪扇是生门，哪扇是死门。

分析：问其中一位守门人，如果回答是生门即实际是死门，反则生门。或者问："对方认为哪边是死门？"看他会指向哪扇门。

02 他们离甲地的距离是一样的。因为他们相遇时是在同一个位置。

03 多7名职工。因为甲办公室只有6名职工，所以，乙办公室不可能再比甲办公室少7名职工。

04 将帽子按12345……的顺序编号，先把第4顶放在第1顶上，第6顶放在第9顶上，第8顶放在第3顶上，然后再把第5顶放在第2顶上，第10顶放在第7顶上即可。这个问题最好的解决方法是逆推。

05 戊、丙、己、丁、甲、乙。

06 把每双袜子都分成两只，每人各拿一只即可。

07 乙已经划了100根，因为每个人只有100根。

08 老猴子想出的主意就是：兔子A先将蘑菇平均分成两份，然后先由兔子B在两份中挑走一份，剩下的一份就是兔子A的。

因为蘑菇是由兔子A来分的，所以在他的眼中两份蘑菇是一样多的，而兔子B在挑选的时候，当然会挑他认为比较大的那一份。这样，两只兔子便都满意了。

09 如果他们围成一圈的话，丁就会在甲右边。

10 箱子里的苹果在60分钟时全满，一分钟之前，即59分钟时是半箱苹果。

11 他应该选择星期五出门。

12 一共有4只小狗。

13 是黄色。图中的英文字母能够一笔写出来的都是黄色，不能一笔写出来的都是红色。

14 丁>丙，乙>甲，戊>丁，丙>乙，所以正确选项为D。

15 他们一家人的位置如下图所示：

16 甲是部门经理，乙是艺术家，丙是工程师。

17 因为213页和214页是同一张纸的正反面，所以中间不可能夹东西。

18 甲洗菜，乙淘米，丙担水，丁烧水。

⑲

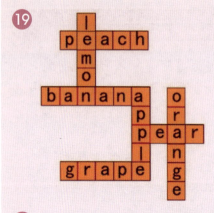

⑳ 这个题是利用偷换概念来麻痹人，事实是三个人付了9×3=27，其中2元付了服务员，25元付给了老板，并不存在那1元钱。

㉑ 选B。

㉒ 1亚洲、2大洋洲、3欧洲、4非洲、5美洲。首先找出对立答案，再采用排除法找出正确答案。

㉓ 5副手套丢了两只，即为10只中丢了2只，共有45种可能性，在这45种可能性中，是同一对的有5种，剩余的40种都是不同对的。

所以最坏情况出现的可能性是最好情况的8倍，因此可以证明那句谚语的正确性。

㉔ 如果乙真的给甲两元钱，那么乙就付多了。因为点心是两个人合伙买的。本应该每人吃一半，但是乙比甲多吃了两个，也就是说乙从甲那里拿来了一个，所以只需把从甲那里拿的一个的钱还给甲就可以了，所以只需给1元，

而不是两元。

㉕ 这个人只要站在A与B任何一条道路上，然后对着其中的一个人问："如果我问他（甲、乙中的另外一个人）这条路上有没有旅馆，他会怎么回答？"如果甲与乙两个人都摇头的话，就沿着这条路向前走去，如果都点头，就往另外一条路走去。

㉖ 选C。由条件1可得，其余的四种颜色，黄、绿、蓝、白为两组互为对面的颜色，又由2、3可得，白色与黄色为对面，蓝色与绿色为对面，所以选C。

㉗ 第二个问题的答案非常好猜，只要餐厅中有3个人，他们之间就至少有两个人是同一性别的，但是想要满足至少有一对夫妻的话，就至少需要第11个人进入餐厅才可以满足。所以，想要满足以上条件，只有当第11个人走入餐厅之后才可以满足。

㉘ 死刑犯回答的是："上绞刑架"。行刑官如果说他猜错了，按他事先说的，应执行绞刑，但这样一来，死刑犯说的又对了，应执行枪决。如果执行枪决，死刑犯说的就是错的，而说错了应执行绞刑。因此，无论怎样执行都是矛盾的。

㉙ 7人。戴红手套的人看来，戴红手套和白手套的人一样多，就是说戴

红手套的人比戴白手套的人多一个。而在戴白手套的人看来，戴红手套的人是戴白手套人的2倍。就是说当戴红手套的人比戴白手套的人多2个人时，戴红手套的人是戴白手套的人的2倍。所以可以知道这时的一倍就是2人，所以可以知道戴红手套的人数是4人，戴白手套的人数是3人，所以共7人。

㉚ 2013年入学的三年级二班的01号同学，该同学是女生。

㉛ 邻座的人点的主菜都不一样，点牛排的是产生在C、D中，由点汤可以看出C为崔先生点了牛排。

由后续发展得D-代先生-羊排-罗宋汤-冰咖啡，A-孙先生-鸡排-洋葱汤-冰咖啡；B-猪排-玉米浓汤-果汁。

㉜ 这个石碑是甲所做。假设是乙所做，他是要写真话的，而"非乙所做"这是一句假话，这是相矛盾的。同样，这个石碑是不会由丙和丁所做，那样的话，上面写的"此碑非乙所做"都是一句真话，而他们是不刻真话的。

㉝ 洗衣粉不在第一排，有可能在第二、三、四、五、六排，又知肉类在水果后面的第四排，说明肉类和水果中间隔了三排，而肉类货架又在面包货架前面，所以第二排是水果架，第六排是肉类货

架是不成立的，只能是第一排是水果货架，第五排是肉类货架，可继续推得面包在第六排货架，罐头货架在奶类货架前面，中间隔了一个货架，所以罐头货架在第二排货架，奶类在第四排货架，最后推出洗衣粉在第三排货架。

这个商店的货架分布依次是：第1排货架——水果，第二排货架——罐头，第三排货架——洗衣粉，第四排货架——奶类，第五排货架——肉类，第六排货架——面包。

㉞ 姐姐在二月二十九日夜里将近零时诞生，而妹妹是在三月一日凌晨零时过后诞生。两人生日虽然只差一天，但二月二十九日，要四年才有一次。

㉟ 从下向上为楼层的划分：

楼层	左	右
四层	孙	赵
三层	陈	吴
二层	王	周
一层	钱	李

㊱ D。

第一个杯子和第四个杯子上写的话是矛盾的，所以必有一真，必有一假。因此第二、第三个杯子上的话是假话。从而推出第三个杯子中有巧克力。

㊲ A城居民的总数最多不可能超过518人。

把 A 城的所有居民依据他们的头发数量由少至多按顺序编号。在这个编号中，以下两个条件必须满足：第一，1 号居民是秃子。第二，n 号居民的头发数量是 n－1 根。例如，2 号居民的头发是 1 根，100 号居民的头发是 99 根，等等。否则，居民的总数不可能比任何一个居民头上的头发的总数要多。如果居民的人数超过 518 人，则编号大于 518 的居民的头发的数量就会与他们的编号相等，破坏了上面的第二个条件，使得居民的总数不可能比任何一个居民头上的头发的总数要多。因此，A 城居民的总数不可能超过 518 人。

38 移动两个笑脸的位置即可，如下图所示：

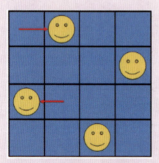

39 五个人，根据谈话内容，身份应该包括：一对夫妻，男方有一兄弟，兄弟还有一个儿子，女方有一父亲。第一句话是 D 说的，第二句话是 B 说的，第三句话是 E 说的，第四句话是 C 说的。

AB 是夫妻，BC 是兄弟，CD 是

父亲和孩子，AE 是父女，ABC 同辈，共三个辈份。

40 我们在天平一边放上甲、丙，而另一边刚放上乙，还没有来的及放上丁时，天平就压向了乙一边，所以，乙＞甲且乙＞丙，甲、丁一边明显要比乙、丙重，又因为乙＞甲，所以，丁＞丙，将甲、乙归为一组，丙、丁归为另一组分别放在天平的两边，天平是基本平衡的且乙＞丙，所以甲＜丁，然后假设丁小于乙，则根据甲、丁一边要比乙丙重，得出甲＞丙，又因为甲乙和丙丁是平衡的，所以假设不成立，所以得出：丁＞乙，甲＞丙，因此丁＞乙＞甲＞丙。

41 这里关键不是数量的多少，而是数量的关系。细分析遗嘱，不难看出，妻子和儿子的数量相同，妻子的数量是女儿的 2 倍。有了这个关系就不难分配了：妻子和儿子各得总数的五分之二，女儿得总数的五分之一。

42 3 胜 1 负。全部共有 10 场比赛，各队都必须跟其他 4 队比赛一场，4×5 ＝ 20（场），但是每场有两队比赛，所以有 20÷2 ＝ 10（场）。也就是说，总共应该会有 10 胜。甲队至丁队合计共有七胜，那么剩下的 3 胜便是戊队的了，并可以马上算出戊队有 1 败。

43 根据（1）和（2），如果布雷要的是香肠，那么詹姆斯要的就是牛排，卡尔要的也是牛排。这种情况与（3）矛盾。因此，布雷要的只能是牛排。于是根据（2），卡尔要的只能是香肠。因此，只有詹姆斯才能昨天要香肠，今天要牛排。

44 丁和戊的年龄的平均数正好是25，说明两人中一人大于25，一人小于25。由条件（3）可知，乙和戊是老师，丙和丁里面有一个工程师。可以排除乙和戊。

假设丙是茜茜哥哥，那么，根据条件（2），甲和丙都大于25岁，又因为丁和戊里面还有一个大于25岁的，这就与五个人中有两个人大于25岁相矛盾了。

假设甲是茜茜的哥哥，那么甲和丙都大于25岁，因为丁和戊里还有一个大于25岁的，所以不成立。因此只有丁才是茜茜的哥哥。

45 乙不可能赢一次。因为甲会一直出石头，无论乙出什么，都是他输。

46 假设是他杀，则三个人中有一个人在撒谎，与自杀的条件矛盾；假设是自杀，则三个人说的都是真话，也与条件矛盾。所以，死者是因意外事故而死的。

47 从杰克的猜测中，我们可知只有"汤姆斯买的肯定不是皇冠车"这种猜测是正确的，那么他买的就只能是本田或奔驰。吉米应该买的不是奔驰，只能是皇冠或本田，那么吉米买的是皇冠车，瑞恩买的是奔驰车，汤姆斯买的是本田车。

48 如果C作案，则A是从犯；如果C没作案，则由于B不会开车，不会单独作案；因此A一定卷入此案。C或者作案，或者没有作案，二者必居其一。因此，A一定卷入了此案。

49 问"你的神志正常吗？"便可区别答话者是人还是魔鬼了。

50 甲是羽毛球运动员，21岁；乙是篮球运动员，17岁；丙是乒乓球运动员，19岁。

51 扒手是乙。

52 四个人的姓名分别是：林江、江宁、宁周、周林。

53 甲在一楼买了一条裤子；乙在三楼买了一双鞋；丙在二楼买了一件上衣；丁在四楼买了一个随身听。

54 甲：2岁；乙：4岁；丙：3岁；丁：1岁。

如果猴子丙说的话是假的，丙就比甲的年龄小，而且甲就是1岁，显然这是不可能的。所以猴子丙说的话是真的，甲不是1岁，所以丙比甲的年龄大。

如果甲说的话是真的，猴子乙就

是3岁，甲比乙年龄大，即甲4岁，这与上面的分析是矛盾的。所以，甲的话是假的，乙也不是3岁，甲比乙的年龄小。

根据以上分析，乙是4岁，丙是3岁，甲是2岁，剩下的丁就是1岁。

55 假设红红的裙子是黑色的，那么三种看法都是正确的，不符合题意；假设是黄色的，前两种看法是正确的，第三种看法是错误的；假设是红色的，那么三种看法都是错误的。因此，红红的裙子是黄色的。

56 捡钱包的是B。

因为已知这四人中只有一人说的是真话，所以可推理如下：假如甲说的是真话，那么B说的也是真话，与条件不符，排除了C捡钱包的可能性。同理，D说的不是真话，故钱包也不是A捡的。这就只剩下C和D了。假如是B捡的，则C与B说的都是实话，也与条件不符。由此可见，钱包一定是B捡的。这样只有C说的是真话。

57 不管第一个拿的人拿了几个，我们必须保证剩下的数目一定要是13个、9个、5个，这样自己的胜算才会最大。

比如说，如果由A先开始拿的话，首先拿三个，接下来不管对方拿

几个，A都想办法让剩下的数目变成九个，接下来再以同样的方法留下5个硬币给对方。这样进行下去，最后一定只剩下1个一元硬币。

58 把三个房间分别命名为甲、乙、丙，小涛三兄弟分别拿其中一个房间的钥匙，然后把剩下的钥匙这样安排：甲房间放乙房间的钥匙，乙房间放丙房间的钥匙，丙房间放甲房间的钥匙。这样，无论是谁，都能凭着自己手中的一把钥匙进入到每一个房间。

59 中文专业所有学生都通过了英语六级。

60 甲是可乐，乙是绿茶，丙是红茶，丁是果汁。

61 因为是循环赛，每两队间不可能赛两场。日本队得3分，只输；意大利队得7分，没赢，所以这两个队之间尚未比赛，比赛只进行了两场。日本输给了巴西，而巴西得21分不可能胜两场，所以巴西、意大利踢平。意大利得7分，故进了两个球，与巴西比赛是2：2平。因此巴西在同日本比赛中得了14分，踢进了四个球，比分为4：3。

62 他们说汉语就可以了。

63 15件。

每个男人在星期一晚上，必须送洗七件，同时取回七件；另外，在这一天他身上还要穿一件。

64 假设丙做对了，那么甲、乙都做错了，这样，甲说的是正确的，乙、丙都说错了，符合条件，因此，丙做对了。

65 小圆环能转3周。两个圆环的直径分别为2、4，那么半径分别为1、2。假如把大圆环剪开并拉直，那么小圆环绕大圆环转一周，就变成从直线的一头移动到另一头。因为这条直线长就是大圆环的周长，是小圆环周长的2倍，所以小圆环需要滚动2圈。

但现在小圆环在沿大圆环滚动的同时，自身还要做转动。小圆环在沿着大圆环滚动1周并回到原出发点的同时，小圆环自身也转了1周。如果小圆环在大圆环的内部滚动，其自转的方向与滚动的转向相反，因此小圆环自身转了1周；如果小圆环在大圆环的外部滚动，其自转的方向与滚动的转向相同，因此小圆环自身转了3周。

66 举行婚礼的日子是星期日。将他说的话分成两部分。

在第一部分"那个日子的后天是'今天'的昨天……"从星期天往前算，就到了星期三，即过了3天。

在第二部分"那个日子的前天是

'今天'的明天，这两个'今天'距离那个日子的天数相等"，从星期天往后算，这样就到了星期四，即距离星期天有3天。所以，这个答案当然就是问题中所提到的日子。

67 丙是唯一的女性。假设甲的父亲是丙，那么丙的同胞兄弟必定是乙，于是乙的女儿必定是甲。从而得出甲是乙和丙两人的女儿，而乙和丙又是同胞兄弟，这是违背道德伦理的关系，是不容许的。所以，甲的父亲是乙，丙的同胞兄弟是甲，丙是女性。

68 丙在说谎。三个人都吃了蛋糕。

69 先拿下一楼的钻石，然后在每一层楼把手中的钻石与那一层楼的钻石相比较，如果那一层楼的钻石比手中的钻石大，就把手中的钻石换成那一层楼的钻石。

70 可以在雨天到甲的家中聚会。因为甲没有说雨天不可以聚会，他只说雨天是不会出去的。

71 假设小可说的话是真的，那么小新的话就是假的，相反，如果小可的话是假的，那么小新的话就是真的，据此推测，小可和小新之间必定有1个人在撒谎。以此类推，5个人中应该有3人在撒谎。

72 他们都是绅士。先假设甲说的是假话，那么他就是绅士，这和绅士说真话相矛盾。所以甲说的是真话，那么他就不可能是小人，所以乙也是绅士。

73 "你既不会给我银币也不会给我铜币。"如果这是事实，那么我将得到金币；如果这是谎言，那么与这句话相反的就是事实，就是说"你要不给我铜币，要不给我银币"，但是这就违反了给出的"如果你说谎就得不到任何钱币"的条件，所以我所说的话必须是事实。

74 首先，黑发美女不是真理，因为真理总说真话，如果她是真理，她就不能说自己"不是真理"。并且，黑发美女也不是谎言，否则她说的"我不是真理"就成了真话，而谎言总是说假话的。所以，黑发美女只能是智慧。

茶发美女不可能是智慧（因为前面已经确定黑发美女是智慧），她也不可能是谎言，否则"我不是智慧"就成了真话，而谎言是不说真话的。所以，茶发美女是真理。因此，剩下的金发美女就是谎言。

75 按说话先后，赵先生喜欢足球，王先生喜欢篮球，孙小姐喜欢网球，韩小姐喜欢保龄球。

76 假设当时是下午，可下午姐姐是说假话的，那么姐姐（虽然还不清楚哪一个是）理应说出："我不是姐姐。"但没有得到这个回答，

因此，显然是上午。只要把上午的时间定下来，那么说真话的就是姐姐，由此可知胖小姐是姐姐。

77 正确答案是 A。根据题干要求，既然 800 米有了童童参加，所以还需要有男的参加。这个男的不能是李华，因为李华参加的是 100 米或 200 米；也不能是丁宝，因为丁宝参加的是 400 米。所以，只能是小伟了。

78 杰克逊分别以每箱 1、2、4、6、16、32、64、128 个皮球来装箱。当顾客报出需要多少只皮球时，例如 145 只，他只要选装有 128 只皮球、16 只皮球和 1 只皮球的箱子交给顾客就可以了。

79 Alan 和 Haley 是背靠背站着的，Bob 在 Alan 的前面。

80 丁是第一名，乙是第二名，戊是第三名，甲是第四名，丙是第五名。

81 钥匙在中间抽屉里。最快速的方法就是直接看第（3）句，即右面抽屉纸条上的话："钥匙不在左右抽屉里"。因为钥匙只能在 3 个抽屉其中的一个里面，而题（3）如为假就说明"钥匙在左右抽屉里"，这是不可能的，因此只能判断它是真话，即"钥匙不在左右抽屉里"，既然不在左右抽屉里，那只能在中间抽屉里。

82 选 D。先按题干排序：

甘蓝＞菠菜，绿芥蓝＞莴苣

A. 甘蓝＝绿芥蓝＞莴苣

B. 甘蓝＞菠菜＝莴苣

C. 甘蓝＞菠菜＞绿芥蓝＞莴苣

D. 不能得出结论。

83 由题意可知，小张不是小瑞的哥哥。小张和小丽两个人相差 11 岁，年龄和是 52，但 52－11 不可能被 2 整除，而岁数也不会是小数，所以小张也不是小丽的哥哥，他只能是小梅的哥哥。

同样可以推断出小李不是小丽的哥哥，那他一定是小瑞的哥哥。小王是小丽的哥哥。

84 如果把各道程序所需要时间加起来，确如小明估算的那样，需要 2+12+2+3+2=21 分钟。但是，如果在烧水的同时进行洗茶壶、洗茶杯、拿茶叶等工作，就只需 14 分钟即可沏茶。

85 名次顺序为：张、李、方、王、赵、丁、周、胡。

86 从⑥得知，已是女的，庚是男的。

从①、③、⑤、⑥联合考虑可知，这 7 个人中，只有 3 个是女的。

从③、⑤可以肯定丁是女的。从而可知，其余 4 人，即甲、乙、戊、庚一定都是男的。

最后结果是 7 人中有 4 男 3 女。甲、乙、戊、庚为男，丙、丁、己为女。

87 画个表格，将字母 A、B、C、D 列在一边，1、2、3、4 列在一边，答案为：A=3；B=1；C=4；D=2。

88 （1）E

A、B 首先给予排除，因为明显违反条件（2），C、D 不符合条件（3），因此，选 E。

（2）D

王和李性别相同，A 违反条件（1）；林必须同王或赵同组，或者同时与王、赵同排，除 B 和 E；C 组合中郑只能与张、赵一组，违反条件（1），排除。因此选 D。

（3）C

帆不能在张那一组，排除 A；根据条件（3），排除 B、E；根据条件（1），排除 D；故选 C。

（4）A

根据条件（1），三个成年女性分别分在三个组里，两成年男子分别分在两个组里，剩下的四个孩子再做分配，必有两个孩子在一起，要跟一个成年女性。所以 A 是正确的。其他选项都不确定，最后一项是完全错误，与条件(1)相悖。

（5）D

首先排除 B，因为张和帆同组。张和王同组违反条件（1），排除 A；根据条件（3），排除 C；根据条件（1），排除 E。故选 D。

第六篇 神机妙算——推理益智园

01 最后一枪留下的弹孔是 C。

因为后发射的子弹的裂痕，在之前的子弹裂纹处被挡会停下来。所以，通过观察可以看出，子弹的发射顺序是 D、A、B、C。

02 假设甲说的第一句话正确，那么 B 是陕西省，戊的第一句话就是错误的，戊的第二句话就是正确的；C 是陕西省就不符合条件。甲说的第二句话正确。那么 E 就是甘肃省。戊的第二句话就是正确的，C 是陕西省。同理便可推出 A 是山东省，B 是湖北省，C 是陕西省，D 是吉林省，E 是甘肃省。

03 罪犯在前一天晚上溜进车库，将汽车轮胎充满了高压氰酸钾气体。第二天，富翁想开车时却发现轮胎胎压太高，行车不安全，于是便拧开气门芯放一些气，就在这一刹那，剧毒氰酸钾气体喷射而出使其中毒身亡。

04 短针的一个刻度间隔，相当于长针的 12 分钟。短针正对着某一个刻度时，长针可能是 0 分、12 分、24 分、36 分或 48 分的任一位置上。分析了这种情况，就可以得到答案：只能是 2 时 12 分。正确的判断来自对生活中各种现象的观察和思考。

05 拘留的是第一个说话的人。

他知道老人是锁房门而不是开房门，说明他一直在窥视老人的行动。

06 判定（2）和（4）这两条供词都是实话，还是其中只有一条是实话。供词（2）和（4）中至少有一条实话。若（2）和（4）都是实话，那就是比尔是凶手，这样，（5）和（6）都是假话。但如果是比尔杀了巴尼，（5）和（6）就不可能都是假话，因此比尔没有杀害巴尼。于是，（2）和（4）只有一条是实话。根据警察的发现，（1）、（3）、（5）不可能只有一条是实话。而根据供词，现在（1）、（3）、（5）至多只能有一条是实话。因此（1）、（3）、（5）都是假话，只有（6）是另外一条真供词了。从而（4）是实话，（2）是假话，而结论是汤姆是凶手。

07 凶手是风。当死者正在享受日光浴的时候，突然刮起一阵大风，太阳伞被吹起，当太阳伞落下的时候，伞尖正好插入死者的腹部。

08 小李是商人，小代是大学生，小刘是士兵。

假设小代是士兵，那么就与题目中"小代的年龄比士兵的大"这一条件矛盾了，因此，小代不是士兵；假设小李是大学生，那就与题目中"大学生的年龄比小李小"矛盾了，因此，小李不是大学生；假设小刘是大学生，那么，就与题目中"小刘的年龄和大学生的年龄不一样"这一条件矛盾了，因此，小刘也不是大学生。所以，小代是大学生。由条件小代的年龄比士兵的大，大学生的年龄比小李小得出小刘是士兵，小李是商人。

09 李彤、王涛、赵康分别被清华大学、北京大学、复旦大学录取。

假设赵康被复旦大学录取正确，根据甲、乙李彤就不会被北大和复旦录取，那么他一定被清华录取；王涛就要被北京大学录取，符合题设条件。

10 A、B、C、F。

11 只有 D 被释放了，其他人都在说谎。假定 A 说了真话，其他 4 个人之中的 3 人必须和 A 说相同的话。如此分析 B、C，说真话的只能是 D。如果假设 E 说真话，则陷入自相矛盾之中。

12 凶手是油店老板。把这一串数字反过来当作英文看，就是 is oil Boss。

13 A 和 C 是诚实的人。

先假设 B 是诚实的人。那么，把 C 说的话颠倒过来，E 成了诚实的人，接着，A 和 D 也是诚实的人，这样就超过只有两个人的限制了。再假设 D 是诚实的人，把 A 说的话颠倒过来，B 就成了诚实的人。但是按照 D 的说法，B 应该是个大骗子，这样就产生矛盾了。再假设 E 是诚实人试试看，加上 A 和 B，诚实人变成了三位，所以也行不通。看看剩下的 A 和 C 所说的话，就跟题目的条件相吻合。

14 丙说谎，甲和丙都拿了一部分。假设甲说谎的话，那么乙也说谎，与题意不符；假设乙说谎，那么甲也说谎，与题意不符。那么，说谎的肯定是丙了，只有甲和丙都拿零钱了才符合题意。

15 防盗玻璃整体是难以破坏的，但如果玻璃上有个小小的缺陷，被人用锤子在那里一击，防盗玻璃一定会破碎，知道这个破绽的人，只有设计制造防盗玻璃柜的那个经手人。

16 国王宣布第一条命令之后，过了一段时间仍然没有人得到释放，因此证明 3 顶帽子中没有 2 顶红颜色的，也可以说三名犯人戴的帽子可能是 2 黑 1 红，或者 3 黑。于是出现了两种情况：假设甲戴的是红色帽子，于是他就看见了 2 顶黑的。乙和丙都可以看见 1 黑 1 红。但是既然红色帽子就在甲的头上，那么乙和丙都是黑的，那么乙和丙早就能确定自己戴的是黑帽子。所以甲不可能戴红色帽子。因此甲断定自己头上戴的肯定是黑帽子。因为只有出现3顶黑帽子，才没有人敢肯定红帽子是否戴在自己头上。

17 1号屋的人说的是真话，宝贝在3号屋子内。假设宝贝在1号屋内，那么2号屋和3号屋的人说的都是真话，因此不在1号屋内；假设宝贝在2号屋内，那么1号屋和3号屋的人说的都是真话，因此不在2号屋内；假设宝贝在3号屋内，那么只有1号屋的人说的是真话，因此，宝贝在3号屋里内。

18 公元前54年，"公元"这个概念还没有产生，因此可断定这是后人假造的。

19 若这个人是B队的，则找到的人是A队的，那人会说在讲台西，而这个人会说在东；若这个人是A队的，找到的是A队的，会说在西，若找到B队的，他会说在西，结果还是说西，所以只要说西，这人一定是讲真话那一队的。

20 凶手只在刀子的一面涂了毒药，所以切开苹果的时候，只有一半沾有剧毒。

21 11次。时针和分针在每个小时里相遇的时间会比前一个小时相遇晚大约5分钟。从午夜开始计算，两个指针会在以下时间相遇：1：05，2：10，3：16，4：21，5：27，6：32，7：38，8：43，9：49，10：54，12：00。

22 乙。
由条件（2）、（3）、（5）知道甲、丙不能做这件事；由条件（1）知道甲、乙、丙至少有一人做了这件事，那么乙一定做了；由条件（4）得，只有乙一个人做了这件事。

23 10分钟。这时公马跑了4圈，母马跑3圈，小马跑2圈。

24 "6"去了"头"，"9"去了"尾"都是"0"，"8"从中截断是两个"0"，因此是一条也没钓到。

25 丙、丁加薪了。

26 这样搅和之后，各杯的总容积没有变，加进的咖啡必然排去同样容积的牛奶，因此，咖啡杯中的牛奶容量恰好等于牛奶杯中的咖啡容量。

27 在这个案子里，杰瑞肯定是有罪的。可以这样来推理——如果梅里无罪，那么，罪犯就可能是杰瑞或是布鲁斯。假如杰瑞就是罪犯，那他当然有罪。而假如布鲁斯是罪犯，那他一定是和杰瑞共同作案的（因为他不伙同杰瑞是决不作案的）。所以，在梅里无罪的情况下，杰瑞是有罪的。

如果梅里有罪，那么他必定要伙同一个人去作案（因为他不会开汽车）。他或者伙同杰瑞，或者伙同布鲁斯。如果伙同杰瑞，那么杰瑞当然有罪。如果伙同布鲁斯，那么杰瑞还是有罪，因为布鲁斯只有伙同杰瑞才会作案。或者梅里无罪，或者梅里有罪，总之，杰瑞是有罪的。

28 A 拿的两张牌是 1、9；B 为 4、5；C 为 3、8；D 为 6、2；剩下的那张牌是 7。

29 馅饼的英文单词是 "pie"，读音和圆周率的代表符号 π 一样。

这个符号的值前三位是 3.14，由于公寓有 4 层，每层有 15 个房间，存在 314 号房间，伽罗瓦去的正是 314 号房，这个房间的房客在凶杀案发生后搬离，嫌疑最大，所以伽罗瓦推断他是凶手。

由于每一层没有 57 间房子，所以不会是 π 的一半，即 157。

30 乙第一，丁第二，甲第三，丙第四。

31 当父亲为 O 型血，母亲为 AB 型血时，汉斯的血型只能是 A 型或 B 型。因此，他不是凶手，凶手另有其人。

32 凶手上午将遇害男子绑在树上，用生牛皮在他的脖子上绕了三圈，但没有紧到令人窒息的程度，然后凶手离开了现场。生牛皮在烈日的照射下逐渐变得干燥，慢慢收缩，终于男子在下午四点左右窒息而死。

33 凶手是死者的侄子。因为凶手把尸体留在他房里，为的是合法继承他的遗产；若是秘书的话，他完全可以沉尸海底，以免被怀疑。

34 第一步：打开开关 A，5 分钟后关闭开关 A；

第二步：打开开关 B；

第三步：进入卧室，开关 B 控制的是亮着的灯，用手去摸不亮的灯，发热的是开关 A 控制的灯，不发热的是开关 C 控制的灯！

35 年轻人声称他昨天刚刚刮去长了几个月的络腮胡子，但他面孔黝黑，下巴呈古铜色。如果他真的在阳光下待了数月而未刮胡子，那么，长胡子的地方就应该显得白净些。

36 第二批是 3 个人。

9 个探险者见到第二批人的时候，剩下的水只够 9 个人喝 4 天了。与第二批人合在一起后，水只够喝 3 天的。因此可知道第二批人在 3 天中喝的水等于 9 个人一天喝的水，那么第二批肯定是 3 个人。

37 先假设孙涛正确，冠军不是美国就是德国；如果正确的话，不能否定张天的看法，所以孙涛的评论是错误的，因此冠军不是美国或者德国；如果冠军是巴西的话，孙涛的评论就是错误的，张天的评论也就是错误的。李浩的评论就是正确的。假设法国是冠军，那么孙涛就说对了，同时张天也说对了，而这与"只有一个人的看法是对的"相矛盾。所以英国不可能是冠军，巴西获得了冠军。

38 D。题干中的已知条件可以表示为：史密斯＞丹尼尔，哈里＞皮尔斯。要推出的结论是：史密斯＞皮尔斯。显然，选项A、B、C、E都能使推理成立。只有D不能使推理成立。

39 假设老鼠A说的是真话，那么其他三只老鼠说的都是假话，这符合题中仅有一只老鼠说实话的前提；假设老鼠B说的是真话，那么老鼠A说的就是假话，因为它们都偷到食物了；假设老鼠C或D说的是实话，这两种假设只能推出老鼠A说假话，与前提不符。所以选项（1）正确，所有的老鼠都偷到了奶酪。

40 他们说得都对。因为180°经线以东和以西相差24小时（即东12区和西12区），因此，东行者

要重复一天，西行者要跳隔一天。元旦那天，他俩正好从东、西不同的方向过日界线（180°经线），因此西行者没过上新年，而东行者连过了两次新年。

41 如果真的是房东杀人的话，死者就不可能说："他不知道我在录音，我要关录音机了。"如果被杀者录音并不被杀人者所知，录音不会有咔嚓声，这样被杀人就可能知道录音机所在何处，离开时也会同时把录音机销毁，就不会存在这个录音了。

42 假设B说的是事实，则C就是d的姐姐，按D的依据就是C也为真，那么出现有两个人说的是事实，与题意矛盾，所以B说的不是事实。同时也知道C不是d的姐姐，则B、C的话都是假的，所以只有A说的是真话，则A就是d的姐姐，A说B的妹妹不是a，又不可能是d，所以B的妹妹只可能是b或c。根据C的假话知道D的妹妹就是c，B的妹妹就是b，最后C的妹妹就是a。

43 凶手是A——琼斯，只有他带着可致人死命的凶器，只要把狗链绕在手上，就是一击可致人死命的硬物。

44 因为横渡5次河之后，人应该在河的对岸，不可能立刻回家。

㊺ 一个右手不能活动的人是不会把东西放在右边兜里的，除非是有人给他放进去的。

㊻ 到北京旅游不用转这么多的弯路，而且长途旅行的话，他们带的行李也太简单了。

㊼ 凶手将史密斯先生杀死后，把他搬到秋千上，然后用力甩到了田地里，所以田地的四周没有任何脚印。

㊽ 我们都有这样的生活常识，当插入钥匙，转动钥匙开锁时，我们用的确实是大拇指和食指。但是我们用的却不是食指指尖，而是食指关节的部位夹住钥匙动的。因此，钥匙上即使留下了大拇指的指纹，但也绝不会留下食指的指纹。既然钥匙上留有张教授的食指指纹，那只能说明有人故意将被害人的拇指和食指指纹按在钥匙上，造成自杀的假象。

㊾ 盗贼把整个车厢都盗走了，把马和手枪队一块弄走了。

㊿ 谋杀。假设（1）不能适用，因为如果这个假设能适用，则其中一人的供词就不是实话，所以假设（2）是适用的。既然假设（2）是适用的，则一定是谋杀，那么贝思的供词就不能是虚假的，所以只有安娜的供词是虚假的，于是贝塔必死于谋杀，而且可知这不是贝思干的。

(51) 原来，数学上有一条规律：9 乘以任何整数，其积无论是几位数，各位数字相加的和总是 9 的倍数。审判员正是以此为前提进行推理的。刘某诈骗的钱，是 9 位顾客相等的数额（是 9 的倍数）；而把刘某交待的金额每位数字相加：1+9+8+4=22，这不是 9 的倍数。所以，可以断定王某交代的金额是假的。接着，审判员又进一步推论：22+5 才能构成 9 的倍数，可见王某交代的数额差 5。如果把 5 加到个位，这不大可能，因为大的数字都交代了，隐瞒 5 块钱，没有什么价值。如果把 5 加到十位数或百位数上，更不可能，因为十位数已经是 8，百位数已经是 9。只有加到千位数才合乎情理。所以，审判员断定刘某故意隐瞒的 5，是一个千位数，即把 6984 元说成 1984 元。

(52) 凶手是 B，疑犯 B 说自己很喜欢丽萨的小猫，说明他知道小猫也死了，然而现场除了罪犯和警察之外没有人知道具体的情况，所以 B 是凶手。

(53) D 所说的是正确的。

七个人说的话，可以分别用另一种方式来表示：

A：今天是星期一。

B：今天是星期三。

C：今天是星期二。

D：今天是星期四或星期五，或星期六，或星期日。

E：今天是星期五。

F：今天是星期三。

G：今天是星期一，或星期二，或星期三，或星期四，或星期五，或星期六。

只被提到一次的日子是星期日。如果这一天是别的日子，那么讲对的就不止一个人了。因此，这天一定是星期日，只有 D 说对了。

54 Z102 是第三个到站的火车。

55 作案时间是 12 时 5 分。

这道题目看似复杂，其实正确的计算方法很简单：从最快的老李的手表（12 时 15 分）中减去最快的时间（10 分钟）就行了；或者将最慢的老张的手表（11 时 40 分）加上最慢的时间（25 分钟）也可以。

56 A 用录像机预先录下节目，杀人后再请 B 来饮酒，然后重播该节目。B 是酒徒，醉醺醺地根本不知道时间，因此无意中做了 A 的证人。

57 乙是凶手。因为鞋子被摆放得很整齐，甲是红绿色盲，他不会把鞋子摆放得那么整齐。

58 凶手从窗口把箭射进去杀死犯人后，又将几只蜘蛛放在窗台上。其中一只蜘蛛在天亮前结了一张网，于是就造成了不是从窗户射击的假象。

59 凶手用的凶器是一把用水晶做成的小刀，他把水晶故意打碎，然后把刀扔到水晶碎片里面以混淆人们的注意力。

60 货物藏在下午 2 点时白桦树顶在地面的投影处。

61 四句隐语的意思是"明天行动"。"昼"指日，"夜"指月，"不分开"即"明"字；"二人"合成"天"字；"往"的一半"彳"和街的一半"亍"合成"行"字；"一直去"是"云"和"力"合成"动"字。

62 从布莱恩特问的话中可以肯定他要找的人不是玛丽，而是她的丈夫。既然如此，他应该喊其丈夫而不应喊玛丽，这说明他已经知道玛丽的丈夫不在家，但他又问："你丈夫在家吗？"显然自相矛盾。

63 罪犯是李大嘴。因为吕秀才和白展堂的话是互相矛盾的，吕秀才和白展堂的话不能同真，也不能同假，因而必有一真，必有一假。从这里可得知，李大嘴和郭芙蓉说的都是假话。从李大嘴说的"不是我偷的"这句假话，可推出罪犯是李大嘴。

64 C偷了上等牛排。

65 既然她只看到了后身的背影，怎么能看到前边的领结呢！

66 B在撒谎。因为车主撞上电线杆，车会停下来，但人由于惯性还会向前运动，人就会飞到车前面去，但人却在车后面，所以B在撒谎。

67 凶手是19岁的佣人。

他老婆说是大儿子杀的——假的。
大儿子说不是自己杀的——真的。
囚犯说不是19岁佣人杀的——假的。
小儿子说自己不是凶手——真的。
19岁佣人说小儿子不是凶手——真的。
3真2假。

第七篇　天马行空——想象创意馆

01 有E、F、I、T、L，当然横过来看还有H。

02 一样重。在第二个桶里，虽然水要比第一桶里少一些，因为那块浮着的木块要排去一些水。而木块的重量就等于此木块浸在水里的部分体积所排开水的重量。因此，它们一样重。

03 可以拼成"囚"、"田"、"白"、"只"、"古"、"旦"、"占"、"石"、"由"、"申"、"叭"、"叶"、"甲"、"右"几个字。如下图所示：

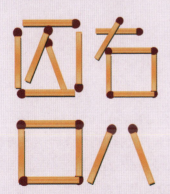

04 有6个小立方体一面是蓝色；12

个小立方体两面是蓝色；8个小立方体三面是蓝色；没有小立方体四面是蓝色；1个小立方体所有的面都不是蓝色。

05 倒过来看也不变的数字是1，2，5，8以及它们组成的数字。

单独的6和9倒过来看会变成另外一个数，但是69和96是不会变的。所以符合条件的数字有1、2、5、8、11、22、55、69、88、96。

06 最多可把馅饼切成22块。如下图所示：

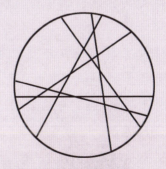

07 如下图所示：

3 < ∏ < 4

08 他说的是实话。你也许不相信，但确实如此。

我们知道，报纸对折的层数按照以下规律递增：1，2，4，6，16，32，64，128……所以，对折30次后层数是2的30次方。如果按100层纸厚1厘米来计算，报纸对折30次的厚度大约是107374米，它相当于12座珠峰的高度。

09 如下图所示：

10 当铁球摆动到最高点的刹那间，铁球既不再向上、也不再向下摆动。这时因绳断而下坠，铁球是竖直下落的。

11 将纸卷成圆筒状就可以了，如下图所示：

12 B。当手放入100℃滚烫的热水中，手周围的气体膜即瞬间被热水所溶解，因此会被严重烫伤。若将手放入150℃的空气中，由于在这之前手曾和外面的空气接触过，手的表层形成了一层类似保护膜的薄膜，不会立即感受到150℃的热气，所以只会产生暖暖的感觉——干燥器和烤箱就是根据这个原理制造，而使我们伸手取食物时不会被烫伤。

13 需要6刀，如下图所示：

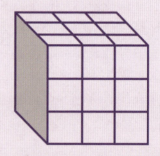

14 它永远都跳不出来，每跳半米又落下去了。

15 A：狐狸；B：袋鼠；C：孔雀；D：鹿；E：山羊；F：狗。

16 当水位上升时，船也跟着上浮，所以绳结是不会没入水中的。

17 220的全部约数是：1、2、4、5、10、11、20、44、55、110，它们的和是284。而284的全部约数是：1、2、4、71、142，它们的和是220，由此表示"你中有我，我中有你。"

⑱ 嘴唇在保姆的背后。西班牙超现实主义者萨尔瓦多·达利对于两可图像非常着迷，他将这幅画命名为"保姆背后神秘的嘴唇"。

⑲ 猪耳朵、猪肚子、猪舌头、猪尾巴。

⑳ 画一个立体的四面体就可以了，如图所示，以 D 为顶点，ABC 为底面。如下图所示：

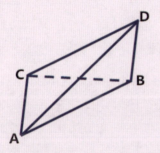

㉑ 影子一样大。因为两架飞机的高度相差只有 20 米，太阳离地球是很远的，太阳光几乎是平行的。

㉒ 可以做到，不过，不能用正五边形瓷砖。只有使用一些设计巧妙的五边形瓷砖才可以达到要求。实际上，说到五边形瓷砖，我们很容易走入正五边形瓷砖的误区。这个问题说明，如果一直停留在固有观念上，就很难找到正确的解题法了。

㉓ 这是用单手数数是伸直或弯曲的手指的数目。比如数 1 的时候，伸直 1 根手指，弯曲 4 根手指。

㉔ 将图中的圆锥形，想象成一个个的圆锥体，就会发现这些圆锥体分布在一个球形表面上，这样就可以看到那个虚幻的球体了。

㉕ 如下图所示：

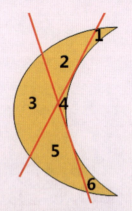

㉖ 不走的钟表每天会显示两次正确的时间，一周共显示 14 次。而那个每天慢一个小时的钟表每显示正确一次则需要 12 天。所以，就正确性而言，那个不走的钟表要强于那个慢走的。

㉗ 9 分钟。一只兔子吃掉一根胡萝卜需要 6 分钟，所以，吃掉一根半胡萝卜需要 9 分钟。而半只兔子是不会吃东西的。

㉘

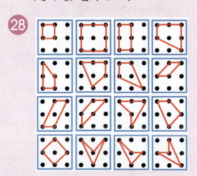

㉙ 两人相对而立，不需要镜子。

㉚ B 与其他三个不一样。A、C、D

骰子上三个点的一面其三个点的走向相同，只有B骰子上三个点的一面其三个点的走向与其他三个不同。

㉛ 2个小时。所需时间和雨垂直下的时间一样长。

㉜ 结果如下图所示：

㉝ 第二只杯内水温低（先做一次实践，再想想是何道理）。

㉞ 如下图所示：

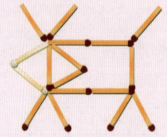

㉟ 从南方来的和向北方去的，本是同一方向，他们可以一前一后地过桥去。

㊱ 如下图所示：

㊲ 选A。可使用排除法。

㊳ 把木棍拿起来在空中演示，如下图所示：

㊴ 没有。他父亲今年五十岁，地球每年绕太阳一圈。

㊵ 分别取正方体的边 AB、AD、FB、FG、HG、HD 的中点，这六个中点在同一个平面上，通过这个平面将正方体一分为二，所得的截面就是一个正六边形。

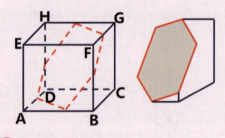

㊶ 两条路是一样长的。

㊷ 船会离岸移开。当人在船尾向岸上抛西瓜的时候，人将受到方向相反的反作用力，使船向船头方向前进。

㊸

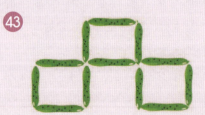

164

44 一厘米。

45 在下降的电梯中用弹簧秤称重物，由于失重，物体的重量减轻。天平测出的是物体的质量，在任何情况下物体的质量都不变。

46 绳子捆住的部分是每个油桶的 1/4 周长，那么总长度就相当于一个油桶的周长，加上 8 个半径的长度，即 (1.5π+6) 米。

47 最后朝上的一面是 E。

48 正常情况下，是不会发生这种情况的。如果货车十分重，最多原地不动，也不会向反方向行驶。但特殊情况下是完全可能的，车沿着坡道滑下时，就会成为这种状态。

49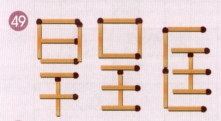

50 第一天：4-5-2，7-1-9，6-8-3；
第二天：7-8-5，4-3-1，6-9-3；
第三天：8-1-2，4-7-6，9-3-5；
第四天：1-5-7，3-2-8，9-4-6；
第五天：8-4-1，5-6-2，3-7-9；
第六天：7-2-4，8-9-5，1-6-3。

51 如下图所示：

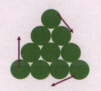

52 假设技工和学徒的比较标准是以 1 美元为准的。那么技工的薪水是 20 美元 50 美分，学徒的薪水是 50 美分。与 1 美元相比，技工的薪水就是正值，学徒的就是负值，二者之差就是 21 美元，而从实际来讲技工的薪水比学徒的高 20 美元。

53 从左到右，给十个杯子分别编号：1，2，3……10。动四只杯子时，将 2 与 7、4 与 9 互相交换位置；动两只杯子时，将 2 和 4 两只杯子里的水倒进 7 和 9 两只空杯里就行。

54 字母 D。

55 什么也看不见。因为没有光线能射进房间里面，一片漆黑。

56 因为齿轮环沿顺时针和逆时针方向交替旋转，所以，一开始需要偶数个齿轮才能转动。
这个问题中齿轮为奇数个，因此根本就无法转动。

57 可以，题目中并没有要求三个木棒要首尾相连，如下图所示：

58

59 B。每一行每一列的图形都依次按逆时针方向旋转 45 度。

60 第一次切下之后，他发现切下的那一块太小了，所以再切了一块。说太小了，指的是切下的块太小了，不是指的整个床板被切得太小了。

61 如下图所示：

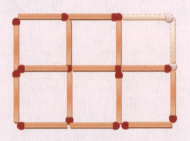

62 因为他们是从等式的不同角度去看的。比如说：等式 $9×9=81$，一个从正面看当然是正确的；另一个从反面看就是 $18=6×6$，这当然是错误的。

63 如下图所示：

64 总共 11 种，出去题目中给出的 4 种，另外 7 种如下图所示。

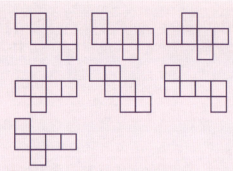

65 几何。

几何是数学的一个分支；几何研究的是空间问题；笛卡尔创立了立体解析几何；几何有多少的意思。

66 如下图所示：

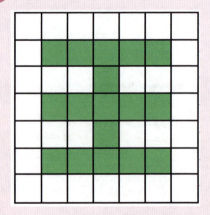

67 因为大部分人大步行走的时候，其中一只脚迈出的步伐要稍微比另一只脚大一点点，这样走下去经过一段时间，他们就会走成一个大圆圈。

68 徐志摩。

云中鹤、仙鹤是徐志摩曾用过的笔名；海宁硖石镇是徐志摩的出生地；徐志摩曾担任过《新月》

杂志的主编；《再别康桥》是徐志摩的代表诗篇，描写的是剑桥大学的景色。

69 C。

70 选 C。每一行前两个方块中的圆圈数相加得到第三个方框中圆圈数；每一列上两行方框中的圆圈数相减得到第三个方框中的圆圈数。

71 第 1 个骰子没有显示的面是：

1、2、4；

第 2 个骰子没有显示的面是：

1、2、3；

第 3 个骰子没有显示的面是：

3、5、6；

第 4 个骰子没有显示的面是：

1、2、4；

所以答案是：

1+2+4+1+2+3+3+5+6+1+2+4=34。

72 16 步。

73 答案为：8!/8=7!=5040。

74 这个四面体序列可以用公式 $n(n+1)(n+2)/6$ 来表示。

75 蜡烛燃烧需要氧气，玻璃罩中的氧气被消耗完了之后，蜡烛就会熄灭。由于大气压，玻璃罩中的水平面会高于容器里的水平面。

第八篇　奇思妙想——创新达人秀

01 举起手，让鸡蛋在 1 米以上的高处落下，在落到 1 米时，生鸡蛋还未碰地，当然不会碎。

02 添上 "S"，使其变成 "SIX"。

03 当然更小一号的小比目鱼的眼睛距离更近了。

04 35。"35" 的读音是 "三十五"，去掉 "三" 就是 "十五"，去掉 "五" 就是 "三十"。

05 将裤子反穿。

06 第 8 天读了 30 页。题目中已经说了他每天读 30 页。

07 汽车倒驶一千米。

08 可以夹 10 片火腿。

将 10 片面包竖起来组成一个圆柱，然后每两片面包之间夹一片火腿，这样就可以了。

09

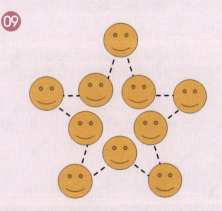

10 把软木塞按进瓶子里。

11 只要在船上加些石块，使船下沉几厘米，就可以使船从桥下通过了。

⑫ 如下图所示：

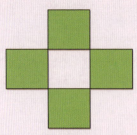

⑬ 只要在一个盛满水的盆中将装满水的杯子倒过来即可。

⑭ 三种：一边 15 克，一边 7 和 8 克；一边 23 克，一边 8 和 15 克；第三种，不放任何砝码。

⑮

⑯

（1）如下图所示：

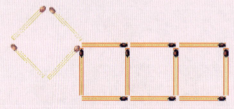

（2）如下图所示：

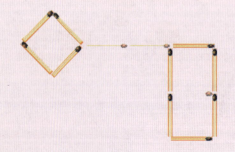

⑰ 如下图所示：

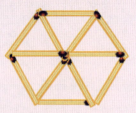

⑱ 总共有 4 种拼法。

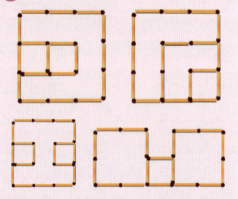

⑲ 让本队的队员往自己篮筐投一个 2 分球，结果打成平局。根据篮球比赛规则，在规定比赛时间内，如果双方打成平局，则可以加赛 5 分钟。这样，甲队就有可能利用这 5 分钟，来赢取宝贵的 6 分。

⑳ 阿凡提对国王说："啊，尊敬的国王，草民实在难以胜任这项工作，从我小时起，就没有见过这样的绳子。所以我想请求伟大的国王用沙绳勒死我吧。"

㉑

㉒ 如下图所示：

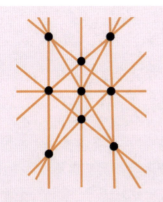

㉓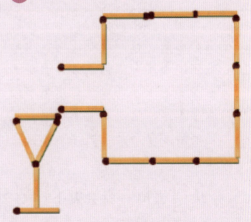

㉔ 将纸折叠使两段纸中有一段纸被覆盖，用铅笔画一条线，再将纸打开，就成为两条线了。

㉕ 把货车四个轮胎的气放掉一部分，车的高度就会下降，就能通过桥洞。

㉖ 先用一辆车拉另一辆车，走完3公里后两辆车调换继续拉。

㉗ 将绳子的两头系在一起，形成一个环形，从中间剪开后就还是一根绳子。

㉗ 找到正方形窗户每条边的中点，连起来可以重新组成一个正方形。该正方形之外的四个部分就是要刷漆的部分。

㉙ 有一只蚂蚁将沙粒拉出凹处，放在通道里；然后另一只蚂蚁进入凹处；再由那只蚂蚁推着沙粒过凹处后暂停；然后另一只蚂蚁爬

出凹处，沿通道爬走；最后那只蚂蚁将沙粒拖回凹处，自己走开。

㉚ 移动两个就行，最顶上的那个放到向下数第二行的右边，最下层左边的那个移到向上数第二行的最右边。

㉛ 用一块磁铁将铁钉吸走，剩下的就是铝钉了。

㉜ 将两个球旋转，看其旋转的速度。金的密度大，质量相同，所以金球的实际体积较小，因为两个球的外半径相同，所以金球的内半径较大，所以金球的转动惯量大，在相同的外加力之下，金球的角加速度较小，所以转得慢。

㉝ 如下图所示：

㉞ 用现有的工具造一条冰船。因为他们在的地方有许多厚厚的冰，而且冰比水轻，可以浮在水面上。

㉟ 将水缓缓倒入玻璃杯，直到水平面几乎超出杯口。如果你小心操

作的话，液体的张力会使水平面微微凸起。这样，瓶塞便会向上"漂"，停留在杯子的中央。

36 这是一个突破思维定势的题目。麦秸虽然细，但足够长，如果你从一头折叠，折叠的宽度比瓶口的直径稍长一点，然后将麦秸放进瓶里，此时，折叠的部分就会散开，撑在瓶子的四壁上，这样你就可以将这个酒瓶提起来了。

37 最终的图形如下所示：

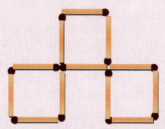

38 说这个等式不正确是从数学的角度考虑的。仔细观察图中给出的数字，会发现他们是计算器屏幕上显示的数字。如果走出原有的数学思路，这道题就解决了，正确的解题思路是从数字的形态上出发。

从 9 去掉 5 就会剩下 |

从 8 去掉 6 就会剩下 |

如上面的解释，从计算器屏幕上显示的数字形态上来看，9 与 5 以及 8 与 6 的区别都在于右上角的一个小竖。9 去掉 5 以及 8 去掉 6

所剩的笔画结果一样，都是只剩下右上角的一个小竖。

39 你必须知道有关月球的简单知识才能回答这个问题。如果你认为重力小、飞行快而用 60/6 = 10（分钟），那么这个答案将是荒谬的。因为月球上没有氧气，鸟根本没法呼吸，自然也就不可能飞了，恐怕它刚展开翅膀就会死掉。

40 如下图所示：

41 小狗转过身，用后腿抓。

42 如果你有浓密的头发，那么它会帮助你解决这个问题。

拿出你的梳子在头上梳几下，然后把梳子往下放，并使梳子齿放在胡椒粉的上方，这样胡椒粉就会从盐里分离出并吸附在梳子上。原因就在于你梳头时使梳子带上了静电。

43 杰克在离开家之前给挂钟上过发条。当他回来时，挂钟走过的时间等于他去朋友家的时间加上他回来的时间以及在朋友家停留的时间。因为杰克到达朋友家和离开的时候都看过时间。用他离开家的总时间减去待在朋友家的时间，然后除以 2，就得到了他在回家路上所花费的时间。把这个时间加在他离开朋友家时的时间上，就是他回家以后的正确时间了。

㊹ 先把其中的三块蛋糕各切成相等的两半，分给六个人，然后将剩下的两块蛋糕分别切成相等的三份，再分给六个人，这样，每个人就得到每块蛋糕的 1/2 块和 1/3 块。

㊺ 把竹竿移到附近的井口，将它放下井去，这样就可以拿到竹竿上的酒了。

㊻ 红色三角形的面积大约是正方形面积的 1/3。

㊼ 在巨石前方挖一个大坑，将巨石推进坑里，再用土填平。不一定非要将巨石搬走才能解决问题。

㊽ 连接 AB、BC、AC，然后穿过点 A 画一条与 BC 平行的线，穿过点 B 画一条与 AC 平行的线，穿过点 C 画一条与 AB 平行的线，如下图所示：

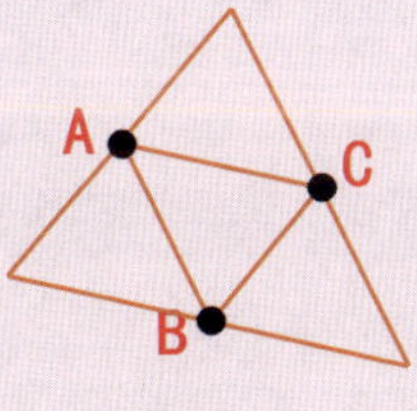

㊾ 恰好用 43 除尽的三位数有 129、172、215……要心中有数，与“216”比较怎样变动可以满足要求。可将“216”中“21”左右交换为“12”，再把数字为“6”的那张卡片上下倒置变为“9”，即可变为“129”被 43 除尽。

说到变换 3 张卡片的位置，多数人只想到卡片的左右位置交换，没有想到把卡片倒置。上下交换是一种新思路。这种新思路并不只限于解决这一问题，有关的空间位置问题都可用新的思路去解决。

㊿ 排成六角形。

人们在日常生活中对于排列，往往局限于横排或者竖排，但 5 人为一列，排成 6 列，显然 24 人是不够排的。所以不打破常规，这个问题是解决不了的。由于人数不够排列时必须要考虑有的人要兼任两个队列的数目，这样排列时，就不难考虑出六角形的形状了。

(51) 只要在其中一个加号左上方加一撇，使其变成 4，则会有 545+5=550 或者 5+545=550。

(52) 是 99831。把“6”倒转过来可以当“9”使用，你想到了吗？

(53) 由于乒乓球很轻，可以用嘴对着杯子使劲吹一口气，乒乓球就能跳出来。

54 如下图所示：

55 如下图所示：

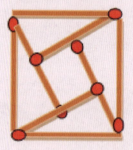

56 用笔在书的右侧划一条直线即可。

57 如下图所示：

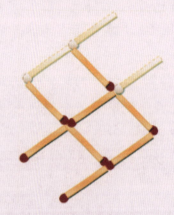

58 在 A 国用 A 国货币换 B 国货币，再把 B 国货币带到 B 国换成 A 国

货币，就是以"保值"的兑换"贬值"的，再把"贬值"的变成"保值"的，周而复始。

59 这是一个讲究搭配的思维游戏。在第一个水杯里放 1 个糖块，在第二个水杯里放 2 个糖块，在第三个水杯里放 3 个糖块，然后把第一个水杯放到第二个水杯里。这样，就能保证每个水杯里的糖块都是奇数。

60 在绳的下端系一个重物，然后拉开一个小的角度，让它自由摆，只要测出来回摆动一次所需的时间，就可以算出绳子的长度。

绳长近似等于 0.25 乘以来回摆动一次所需的时间（以秒为单位），绳长单位是米。

61 将其中 4 个半杯的倒成 2 满杯香槟，这样，满杯的有 9 个，半杯的有 3 个，空杯子的有 9 个，3 个人就容易平分了。

62 1. 除了两张王牌，常用的牌共有 52 张，而一年共有 52 周；

2. 每种花色的牌都有 13 张，而每个季节都有 13 周；

3. 扑克牌有四种花色，而一年里有四个季节；

4. 一副扑克牌里有 12 张肖像画，而一年则有 12 个月；

5. 红色的扑克牌如果代表白天，

则黑色的扑克牌就是黑夜；

6. 如果 J 代表 11，Q 代表 12，K 代表 13，则所有的数字加起来，正好是 364，再加上一张或两张王牌，正好是一年的时间。

63 他这 5 轮中，每轮分别打进 8、14、20、26、32 个球。

64 结果如下图所示：

65 题中并没有要求绳子是直的，所以我们可以将 5 朵小花连成一个圈，这样就可以满足题中的条件。

66 将一个宽口玻璃杯倒满水，剪一块比缝纫针稍宽的软纸，把这根针轻轻地放在纸的中间，然后把这张有针的软纸放在水中。过一会儿，软纸会因吸满水而沉入杯底，此时这根针将因水面张力的扶持而漂浮在水面上。

67 如下图所示：

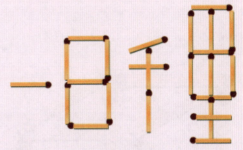

68 把挑着的西瓜浸在河水里，借助河水的浮力，就可以安全地过桥。

69 可以在红光下拍摄，或者在文件上蒙上一层红色玻璃纸再拍照。

70 移动后的结果如下图所示：

71 将三块要烤制的面包编号成 A、B、C。先把 A、B 两块面包放在炉上烤；半分钟后，把 A 翻个面，同时取下 B，放上 C 继续烤；又过了半分钟后，取下 A，换上 B，烤 B 未烤过的一面，同时把 C 翻过来。

72 以下是解决本题的九个步骤：

1. 将绿色罐子注满水；

2. 将绿色罐子内的水倒入红色罐子，将红色罐子内的水倒入水池；

3. 将绿色罐子内的水倒入白色罐子；

4. 将绿色罐子注满水；

5. 将绿色罐子内的水倒入红色罐子；

6. 将绿色罐子内剩下的水倒入白色罐子；

7. 将绿色罐子注满水；

8.绿色罐子内的水倒入白色罐子内，这时，绿色罐子内就剩下了2升的水。

73 在剪绳子之前，先在绳子中央打一个环，剪的时候只需要剪断那个环即可。

74 如下图所示：

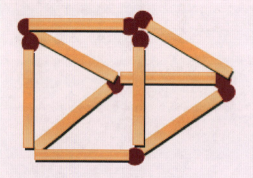

75 把盒子倾斜，使水面刚好到达边缘，看盒子底部的边缘在水面之上还是之下。

76 一个人可以把木板向山涧的另一端伸出一部分，并站在木板的另一端压住。另一个人可以把木板搭在自己的一方与对方的木板之间，就可以走过山涧了。然后他可以压住木板，让对方过。

77 最少需要四次。如果将这些杯子依次编上号码1~8，翻转的步骤为：第一次翻转1、2、3；第二次翻转3、4、5；第三次翻转5、6、7；第四次翻转3、5、8。

78 铁链的总重量虽然很大，但是整

个重量是分布在全部长度上的。所以，可以把铁链放在地上，由汽车拖着过桥，使分摊在桥上的重量不超过桥的载重。等过了桥，再把铁链装到车上。

79 路线如下图所示：

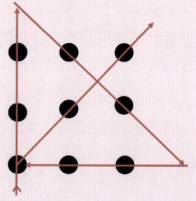

80 让两只油桶浮在水面上，将油倒来倒去，直至两只桶浮在水面上的高度相等时，这些油就被均分了。

81 他说："我不考了。"守门人对一个放弃考试的人是可能放他走的。

82

NINE

83 将任意一枚反面朝上的一元硬币翻转过来，然后把它放在一枚正面朝上的5角硬币上，保证这枚五角硬币完全被那枚一元硬币所遮盖。这样，如果你从桌面上看的话，你会发现正面的硬币有三元。

84 答案如下表所示：

堆号	原有火柴数	第1次移动	第2次移动	第3次移动
1	11	11-7=4	4	4+4=8
2	7	7+7=14	14-6=8	8
3	6	6	6+6=12	12-4=8

85 牵 A 马和 B 马过去，骑 A 马回来，来回需要 1+2=3 个小时；然后再牵 C 马和 D 马过去，骑 B 马回来，需要 5+2=7 个小时；再牵 A 马和 B 马过去，需要两个小时，总共是 3+7+2=12 个小时。

86 这个题只有在阳光充足的日子里才会解决，因为绳子要受阳光的影响。要把钥匙从绳子上取下来，只需要一个放大镜，并使太阳光透过瓶子聚在绳结上，时间不长，绳结就会被烧断，这样钥匙就会落在瓶底。

87 阿基米德叫大家拿出所有的镜子，使镜子把阳光集中反射到一个点——敌船的风帆上，使这个点温度迅速升高，刚上过油的风帆很容易就起火燃烧了。

88 按照下图的站法，就可以使队列成 15 行，每行 4 个人。

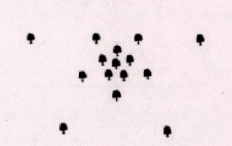

89 先摆的人只要把第一枚硬币摆在对称中心——杂志封面的中心处。以后不论对方把硬币摆在哪里，你都摆在它的对称的位置上，只要他能找到地方，你也就能找到位置，可以保证不输。

90 如下图所示：

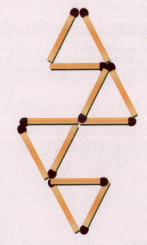

91 把纸折弯，两边拉引，使孔成椭圆形，那么，1 元钱硬币就很容易过去了。

92 如下图所示：

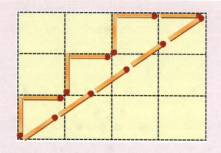

截面。由于锯一次不可能给同一个小方块留下两个或两个以上的截面，因此，中央的那个小方块一定被锯了6次。

所以，要把上述立方体锯成27个小立方块，至少要锯6次。

93 5、9的读音都是三声，2、4、6的读音都是四声，1、3、7、8的读音都是一声。不要看到数字就想用数学的解题方法来解决。

94 李叔叔是将球向上抛的。

95 由题可知，瓶子的容积比最大刻度大，而装着的药水的体积比最大刻度小，所以可先把瓶子口朝上由刻度读出瓶中药水的体积为V1，然后将瓶子倒过来，此时药水的体积仍为V1，而上部空出的体积即可由刻度直接读出为V2，故瓶子的总容积为V1+V2。

96 他的奇想实际上是不可能实现的。最终被锯成的27个小方块中，只有最中央的那个小方块有6个锯

97 让3个筷子相互利用，翘起来就搭成一座桥把3个碗连起来了。A筷在C筷子下，压着B筷；B筷在A下，压着C筷；C筷在B筷上，压着A筷。如下图所示：

98 排成三角形，一共有9个切点。

99 他问神父："在抽烟的时候可不可以祈祷？"神父回答："当然可以。"